辛冠潔

陳介祺藏鏡

（上）

文物出版社

目録

新莽

五八　博局四神王氏鏡
五九　博局四神鳥獸王氏鏡
六〇　博局四神王氏鏡
六一　博局四神新銅鏡
六二　博局四神新銅鏡

東漢

六三　變形四葉對鳳鏡
六四　變形四葉對鳳鏡
六五　變形四葉對鳳鏡
六六　變形四葉夔鳳鏡
六七　變形四葉夔鳳鏡
六八　變形四葉夔鳳鏡
六九　變形四葉獸首三羊鏡
七〇　變形四葉似鳳鏡
七一　變形四葉似鳳鏡
七二　變形四葉似鳳鏡
七三　四葉座連弧鏡
七四　四葉座連弧鏡
七五　四葉座連弧鏡
七六　四葉座連弧鏡
七七　四葉座連弧鏡
七八　四葉座連弧鏡
七九　博局神禽尚方鏡
八〇　博局四神上方鏡
八一　博局四神上方鏡
八二　博局四神尚方鏡
八三　博局四神尚方鏡
八四　博局四神尚方鏡
八五　博局四神尚方鏡
八六　博局四神上方鏡
八七　博局四神上方鏡
八八　博局四神王氏鏡
八九　博局四神來言鏡
九〇　博局四神來言鏡
九一　博局四神朱氏鏡
九二　博局四神吴氏鏡
九三　博局四神吕氏鏡
九四　博局四神善銅鏡
九五　博局四神名銅鏡
九六　博局四神鏡
九七　博局四神鏡
九八　博局四神鏡
九九　博局四神鏡
一〇〇　博局四神鏡
一〇一　博局四神鏡
一〇二　博局四神鏡
一〇三　博局四神鏡
一〇四　博局四神鏡
一〇五　博局四神鏡
一〇六　博局四神鏡
一〇七　博局四神鏡
一〇八　簡化博局四神鏡
一〇九　簡化博局四神鏡
一一〇　簡化博局鳥獸鏡
一一一　四乳神禽上方鏡
一一二　四乳禽獸上方鏡
一一三　四乳禽獸上方鏡
一一四　四乳四神吾作鏡
一一五　四乳禽獸吾作鏡
一一六　四乳蜂蝶鏡
一一七　四乳四神鏡
一一八　四乳神獸上方鏡
一一九　四乳禽獸鏡
一二〇　四乳魚紋鏡
一二一　神人畫像袁氏鏡
一二二　神人畫像青龍鏡
一二三　神人畫像劉氏鏡

三國·兩晉·南北朝

隋·唐

金·元·明

凡例

一、圖版基本上依歷史順序分類排列。

二、圖版尺寸基本上按拓片原大印製，個別直徑超過十八厘米者，因開本限制，適當縮小。

三、折衷紋飾與銘文兩項内容取名，如『四葉心思君王鏡』，『四葉』是花紋，『心思君王』是銘文的頭一句。

四、書前有總論闡明有關概況及整個歷史背景與時代特徵；每一斷代有一簡略解説，介紹該一時期銅鏡的特點和陳介祺藏鏡的情況；每一圖版有一段説明，闡述該鏡的面貌、特徵，間作必要的考釋，包括鏡名、年代、形狀、鈕、鈕座、紋飾、銘文以及重要的背景、評論和備注。

五、每一鏡種、紋飾或銘文第一次出現時，對其特點及來龍去脉作專門性介紹、説明或簡論。

六、附録若干有關鏡鑑的藝文資料，以供研究者追索研究和比較，并為鑑賞者增添一點情趣。

陳介祺及其藏鏡（本論）

一

陳介祺（一八一三年—一八八四年），晚清考古學家、古文字學家、收藏家。山東濰縣人，字壽卿，號伯潛，因藏有『曾伯霥簠』，名其室為『寶簠齋』，後即以『簠齋』為號；又因藏有邢人妄、號叔旅、兮仲等十鐘以『十鐘山房』為室名；因藏有大量歷代銅鏡，又名其室為『二百竟齋』。這類因藏品而命名的堂號尚有『秦鐵權齋』等等。晚年別署『海濱病史』。道光二十五年（一八四五年）乙巳科進士，授翰林院編修，不久弃官歸里，不再仕，專事考古研究。

陳介祺治考古學，貴專、貴深，貴實。主張把出土文物結合歷史遺跡、歷史文獻，作專項的、實際的、深入的研究。秉此宗旨着力收藏，成績可觀。僅鄧實、褚德彝所輯之《簠齋吉金録》收録陳氏所藏商周秦漢銅器即有三百八十餘器，丹徒劉鶚『抱殘守缺齋』所印《簠齋藏鏡》一書著録陳氏所藏歷代銅鏡百八面，陳氏《十鐘山房印舉》著録印璽萬件以上，印璽封泥收藏之富，在當時可以説是首屈一指的（陳氏與吴式芬合著之《封泥考略》為封泥研究的開山之作）。《中國大百科全書·考古學》譽其收藏為『清代金石學家中收藏最富的一位』。青銅器是其收藏的大宗，其中『毛公鼎』最為著稱。該鼎又稱『毛公厝鼎』，是西周晚期毛公厝為感謝與紀念周宣王策命委以重任、賞賜車馬而鑄。鼎腹内有有關周代政治經濟情況的四百九十七字銘文，此銘文具有重要歷史價值，也是現存古銅器銘文最長的。由此可見陳氏藏品分量之一斑。

陳介祺很重視阮元在考古學方面的成就，并同當時卓有成就的考古學家、金石家如徐同柏、劉喜海、吴式芬、吴雲、李佐賢、潘祖蔭諸家交往密切，與將出土實物與歷史文獻參證研究取得重大成就的金石學家、古文字學家、書法家吴大澂過從更不一般。陳氏以『卿』為字，稱壽卿；吴氏亦以『卿』為字，稱清卿。陳氏號室為『簠齋』；吴氏號室為『愙齋』。陳氏晚年自署『海濱病史』，吴氏晚年則署『白樵病叟』。兩人互以所藏作考釋，吴氏著作中即有《簠齋藏封泥考釋》一書。陳介祺著述頗豐，可惜多為未竟之作，生前已刊行者有：《簠齋金石文考釋》一卷，《簠齋藏古目》三册，《傳古别録》一卷，與吴式芬合著《封泥考略》十卷，《東武劉氏欵識》一卷，《簠齋尺牘》十二册。由于陳氏精于墨拓，又勤于手拓，以致手拓并加蓋印記的金石拓片、拓本，曾經隨處可見，只是解放後難覓其踪。幾年前『嘉德拍賣公司』曾暴出陳介祺藏鏡拓本兩册一百八十二紙，每紙均有『二百竟齋藏竟』白文印章，大多數還另有『簠齋藏古』朱文印章。今年『盤龍拍賣公司』又

暴出《簠齋藏銅器拓本》四册，六十餘紙，每紙均有陳氏印記，或曰『簠齋先秦文字』，或曰『集秦斯之大觀』，文物市場上還曾出現過『簠齋』藏秦詔版陶器拓本。凡此類拓本均無題跋，亦未經排類編目，這應該算作陳氏作品的自發流散物。據《中國大百科全書·考古學》披露，陳氏大量未竟之作和未經整理的資料，已由其後人捐贈國家文物局。此後情況則再未見有人報道。

陳介祺是一位成就卓著的金石學家，他給我們留下了極為豐富的文化遺産。

二

陳介祺的藏鏡，在其整個文物藏品中也許不占太大分量，但深入研究，則確知陳氏藏鏡殊為不凡。陳氏究竟收藏了多少銅鏡，從來没有一個準確的說法。他五十二歲以前在給吴大澂的信中曾說『藏竟不皆精，共拓得百七十紙，自名二百竟齋，以所好不篤，未能補足』。及至陳氏五十二歲，即同治四年，公元一八六五年，『抱殘守缺齋』將所藏陳介祺藏鏡拓本托高郵宣哲排類編目影印出版《簠齋藏鏡》時，宣哲『檢之才得一百八鏡』。宣哲在《簠齋藏鏡》一書目録附言中說，『抱殘守缺齋』所藏拓本所以較陳介祺所說的百七十之數少六十八紙，估計是汰除不精者以後之數。但據筆者將『嘉德』拍賣會露面的陳介祺藏鏡拓本（以下稱『嘉德本』）與『抱殘守缺齋』出版的《簠齋藏鏡》（以下稱『藏本』）一書仔細對勘，發現宣哲所言非是。具體情況是：『嘉德本』共一百八十二紙，『藏本』一百零八紙，『嘉德本』較『藏本』竟多出七十四紙，同時『藏本』還有『嘉德本』没有的六紙。而『藏本』較『嘉德本』多出的六紙中并非皆是精品，如『藏本』下卷第四十七鏡即『天王日月鏡』，是一面直徑十六點四厘米、主紋為八乳神人的圓形鏡。此鏡不論鏡體、形狀，還是紋飾、銘文，在陳氏藏鏡中都屬下乘，如說汰除，它當在汰除之列，但還是出現在『藏本』之中了。另一方面『嘉德本』多出的七十四紙中却有大量『藏本』所無的精品，如陳介祺墨拓後親自筆注年號并加蓋『簠齋』、『二百竟齋』兩印的紀年鏡：『吴元興元年竟』、『吴太平元年竟』、『晉泰始元年張氏竟』、『晉太康二年竟』、『晉永康元年竟』，還有梁上椿《岩窟藏鏡》提到的被廣為著録的『四葉心思君王鏡』及數十面西漢草葉鏡、日光鏡、昭明鏡，東漢博局鏡、四神鏡等。顯而易見，所謂一百零八鏡所以少于一百七十鏡是淘汰結果的說法，是站不住脚的。可靠的材料說明，陳介祺的藏鏡實數，至少是陳告知吴大澂的一百七十鏡加『嘉德本』多出來的十二鏡，再加『藏本』所有而『嘉德本』所無的六鏡，總共一百八十八鏡。那麽，較之陳說的一百七十鏡多出來的十八鏡是從何而來的呢？陳說他祇有一百七十鏡時，年五十二歲，而陳享年七十二歲，在五十二歲以後的二十年中，陳自然還會不斷搜求銅鏡，并墨拓分送同好、友人，『藏本』、『嘉德本』，都是同出一源的陳介祺藏鏡拓本。陳氏藏鏡拓本，可能不祇現知的這兩種，今後說不定

還會有新的拓本出現，并且其鏡數可能不止一百七十、一百八十二、一百八十八，而可能更多，因為『藏本』也好，『嘉德本』也好，都可能不是足本，或都可能曾有散失。

三

從一百八十二紙的『嘉德本』看，陳介祺藏鏡鏡種十分豐富，銅鏡品相十分美好，墨拓也十分精良。面對這個本子，使人感到琳琅滿目，美不勝收，如入佳境。一百八十二面銅鏡，貫串西漢、東漢、三國、兩晉、南北朝、隋唐、宋金元明十多個歷史時期，而重點在兩漢。其中西漢鏡約五十面，東漢鏡約八十面，已知兩漢鏡鏡種幾乎無所不有。這里僅以西漢鏡為例，稍加介紹評説。

名目繁多的鏡群

在五十多面西漢鏡中，大約有這樣三類：

（一）有保留着先漢鏡遺風的蟠螭紋鏡、蟠虺紋鏡、四葉鏡。其中最令人矚目的是兩面『草葉心思君王鏡』。上面曾提到梁上椿的《岩窟藏鏡》中説到濰縣陳介祺藏有一面與其中相同的『草葉心思君王鏡』。其實不衹一面，同樣的銅鏡在『嘉德本』中竟有兩面。此鏡圓形，直徑九厘米。三弦鈕，方鈕座，座外施雙弦紋方框，框內四面各兩篆字銘文，共八字。框外四角各出一葉片，四周布列四個乳釘，

每釘左右各出單一草葉。銘文為：『心思君王，天上見長。』此鏡構圖簡潔，畫面秀麗，小巧玲瓏，書法挺拔有力而又柔和秀美（見圖版一）。

（二）有開創漢鏡新面貌的草葉鏡、日光銘連弧鏡、昭明銘連弧鏡、銅華銘連弧鏡、日有憙銘連弧鏡、清白銘連弧鏡、連弧銘文帶鏡和博局四神鏡。在這八種新鏡種中，草葉鏡以其秀麗柔和的風貌吸引人；日光銘鏡和昭明銘鏡以其高潔明快、含蓄深沉攬勝；銅華、清白、日有憙銘文連弧鏡，以其端莊大方、氣勢恢宏得寵；博局四神鏡則以其結構穩重、紋飾豐富而傲視群鏡。下面我們舉出幾例典型，加以説明。

例一：草葉日光鏡（見圖版七）。西漢，圓形，直徑十厘米。圓鈕，四葉鈕座。雙弦紋方框，框內四面各兩篆字銘文，框外四角各出雙花瓣，四邊環列四乳釘，釘兩旁各有草葉，外為十二內向連弧紋緣。銘文：『見日之光，天下大明』。全鏡構圖洗練，眉清目秀。拓片左有陳介祺白文藏章『二百竟齋藏竟』。

例二：草葉日有憙鏡（見圖版一二）。西漢，圓形，直徑十六點二厘米。圓鈕，柿蒂紋座，雙凹陷紋，外加單弦紋方框，框內四面各三篆字銘文，框四角各出雙花瓣，四面各一乳釘，花葉乳釘之上各出一杏仁形花葉。十六內向連弧緣。銘文：『日有喜，得所喜，長富貴，樂毋事。』全鏡結構與例一大致相似，惟內涵更覺豐富，銘文不同。

例三：草葉長毋相忘鏡（見圖版一四）。西漢，圓形，直徑十三點五厘米。四弦鈕，盤龍座，雙弦紋方框，框内四面各兩篆字銘文。框外紋飾及緣與例二相仿。銘文：『久不相見，長毋相忘』。

例四：雙重銘帶鏡（見圖版五六）。西漢，圓形，直徑十五點二厘米。圓鈕，十二連珠座。座外環以短斜綫紋及粗凸弦紋圈帶，其外雙短斜綫紋夾一八分銘文帶，再一粗凸弦紋圈帶，又一雙短斜綫紋夾一篆字銘文帶。窄素緣。内層銘文：『内清質以昭明，光輝象夫日月，心忽揚而願忠，然壅塞而不泄』。外層銘文：『潔清白而事君，願陰驩弃明，涣玄錫之流澤，忽疏遠而日忘，慎糜美之窮愷，外承驩之可説，慕窈窕而靈泉，願永恩而毋絶。』此鏡，對之平視，只見三道粗而黑的凸弦紋圈和粗獷豪邁的篆字銘文帶撲面而來，汪洋恣肆，强健有力，特色鮮明，成為區别于先漢銅鏡的明顯標志。

（三）有大量的四神禽獸鏡、鳥紋鏡、獸紋鏡、蜂蝶紋鏡、長樂未央鏡、君宜高官鏡、長宜子孫鏡、富貴鏡，也都是難從先漢銅鏡中看到的。在這類鏡種中值得推薦的典型很多，這裏略舉幾例。

例一：連弧雲雷鏡（見圖版四十）。西漢，圓形，直徑二十點四厘米。圓鈕，柿蒂座，四蒂間各一篆字銘文，座外短斜綫紋與凸弦紋各一周，内向八連弧一周，全鏡内區顯現為一大八角星，八角内各有一八分體銘文，其外雙短斜綫紋圈夾一細綫雲雷紋帶。素寬緣。銘文，座内為『長宜子孫』，座外為『延年益壽，大樂未央』。此鏡濃眉大眼，氣勢非凡。

例二：富貴常樂鏡（見圖版四二）。西漢，圓形，直徑十八點六厘米。圓鈕，弦文座。座外凹陷紋一周，内八分體銘文一周，外雙弦紋帶，四大雙圈乳釘壓置其間，雙弦紋帶被分為四段，四雙圈乳釘環以三角花蕾，内側各一雙葉小花蕾，外側各一對葉，外施内向二十四連弧一周。素寬緣。銘文：『富貴常樂未央，長毋相忘。』此鏡面貌别致，端莊大方，布局少見。

例三：連弧家常貴富鏡（見圖版三五）。西漢，圓形，直徑十五點二厘米。圓鈕，十二連珠乳釘鈕座，外内向十二連弧圈帶，環以雲雷紋帶。其外四連珠團花夾八分體四字銘文形成一寬闊圓帶，十二内向連弧紋緣，整個鏡面呈十六角星體。銘文：『家常貴富』。此鏡紋飾疏朗而充滿富貴氣象。

如果説戰國鏡的突出特點是蟠螭鏡、蟠虺鏡、山紋鏡，并且廣泛施用地紋（可以説鏡鏡有地紋），那麼西漢鏡的突出特點則是四葉鏡、草葉鏡、連弧紋鏡，并且廣泛施用銘文（可以説鏡鏡有銘文）。這些特點在『嘉德本』中體現得淋灕盡致，這是與陳介祺用功于漢代器物不遺余力有密切關系的。

豐富多彩的紋飾

銅鏡的排類，向無常規：有以銘文排的，如『日光鏡』、『昭明鏡』、『富貴鏡』

等等。『抱殘守缺齋』影印的《簠齋藏鏡》就是用的這種方法。這類排法是以銘文頭兩字或幾字為鏡名的，有些像古籍排章名似的，如《論語》『學而』、『為政』。有以抽象排的，如『銘文鏡』、『連弧鏡』、『草葉鏡』等等。這類排法是概括的，只取共象不問具體。上面介紹『嘉德本』漢鏡時，大致是用的這種方法。有以具象排的，如『四乳四神連弧鏡』、『銅華連弧銘帶鏡』、『日光博局對稱連弧草葉鏡』等等。這類排法是把全鏡紋飾的主要部分都一一點到的。下面介紹漢鏡紋飾便需要使用這種方法。這裏先從漢鏡紋飾構成的基本要素說起。漢鏡紋飾經常使用的基本要素，大致有：博局紋或謂規矩紋，即丁字紋（⊤）、拐尺紋（∟）、三角鉤紋（∨），單雙弦紋帶，鋸齒紋帶，連弧紋帶，雲雷紋帶，雲氣紋帶，短斜綫紋帶，龍鳳紋帶，龍虎紋帶，蟠螭紋帶，龍獸紋帶，銘文帶，乳釘連珠紋帶，連珠紋帶，半圓方枚紋帶，水波紋帶等等。任何一面漢鏡要麼用其中這幾種，要麼用其中那幾種，但紋帶是不可少的。渦紋、雷紋、乳釘紋、花乳釘紋，這些紋飾也是大量使用的。花葉，連枝花葉，花蕾，枝葉花蕾，四葉，變形四葉，菱紋，蟠螭紋，蟠虺紋，博局紋或謂規矩紋，即丁字紋（⊤）、拐尺紋（∟）、三角鉤紋（∨）的組合，四神——青龍、白虎、朱雀、玄武，奇獸，異鳥，玉兔，蟾蜍，蜂蝶，魚蝦，獸首，雙頭鳥，九尾狐，人首獸，東王公，西王母，神人，羽人，車馬，華蓋，歷史人物，團花，寶相花，天祿，辟邪等等，這些常常是漢鏡的主紋。每一個漢鏡的花紋樣式，都是用這些要素的若干種組合而成的。這種組合的基本格局又大都是以鈕、鈕座為中心，輻射展開的。由于素材繁多，組合紋樣也就複雜豐富，於是便形成漢鏡紋樣的多姿多態。漢鏡花紋組合中，有的專用紋帶；有的多用花、葉；有的博采神人、神獸、羽人、異禽，濃彩重筆扣人心弦；有的淡淡地祇用幾隻蜂蝶、小鳥，淡雅宜人。不論用哪種手法，總的說來，都達到了均勻、平衡、圓融、暢達的美的境界。下面，再舉幾個例子以為佐證。例一：連弧生如山石鏡（見圖版三八）。西漢，圓形，直徑十一點二厘米。圓鈕，圓鈕座。座外四肥葉間夾八分體四字銘文，外粗弦紋一周，再加八連弧紋一周、粗凹陷紋一周。素寬緣。銘文：『生如山石』。此鏡基本上是以六道圈帶構成的，形式上是兩道濃重的黑白圈帶，包圍着一個具有豐富內涵的八角星。構圖簡潔明快并富有穩重感。例二：四乳日光鏡（見圖版四四）。西漢，圓形，直徑七點六厘米。圓鈕，圓鈕座。座外一吊角雙弦紋方框，框四面各一弦紋乳釘，其外再施雙弦紋正方框，框外四角各施弦紋，四面各一篆字銘文，環以單弦紋圈。素寬緣。銘文：『見日之光』。此鏡花紋不多，却使人感到變化無窮，且玲瓏透剔，清爽宜人。例三：『博局四神尚方鏡』（見圖版二五）。西漢，圓形，直徑十七點七厘米。圓鈕，四葉鈕座。四葉肥碩醒目，其外雙弦紋方框，框內十二乳釘間夾篆字十二地支銘文，框外博局紋乳釘紋環列，四神禽獸次第展開。青龍面對着羽人，羽人持板作躬身揖請狀，神情自若。青龍身後為一鳥，羽人身後是

在研究與師法金文的時候，不要祗注意大器的銘文，也要注意漢鏡銘文；而研究銅鏡的朋友在研究銅鏡紋飾的時候也應該注意到漢鏡銘文的書法。

四

銅鏡作為文化藝術的一個門類，自然也會反映一定的社會經濟與政治。上面我們通過對『嘉德本』西漢銅鏡的鏡種、紋飾、銘文、書法的介紹，看到了西漢銅鏡亦即西漢人所描繪的一個五花八門、光怪陸離的精神世界。在那里，有人對自然景物的嚮往讚美，有人與內心活動的對話，有人同禽獸魚蟲同處的美好情景，有人與神怪異物交往的歡快境界，有人對乘龍騎虎遨游四海的憧憬，有人對羽化升仙的夢想，有人對人間幸福如升官發財、多子多孫、延年益壽、常樂無事的企盼。這些嚮往、憧憬、夢想、企盼，其實都是銅鏡作者的經濟地位、社會處境、倫理關係等等對自己的啓示：它反映着當時的社會。漢王朝取得政權之後，總結秦亡的教訓在于『舉措暴衆，而用刑太極』，為了避免重蹈秦亡的覆轍而鞏固自己的政權，漢高祖毅然實行了『休養生息』的政策，輕徭、薄賦、緩刑，結果社會得以安定，生產得以發展，人民生活大大改善。人民的生活越是改善，人們對美好生活的希望就越高，『家常貴富』、『長樂未央』的希望就越是强烈。西漢銅鏡上表達的那許許多多的美好願望，就是由此而來的。

五

東漢銅鏡藝術在西漢銅鏡藝術的基礎上繼續前進，也有許多突破。在紋飾上有人物畫像鏡、變形四葉鏡等，在銘文上有姓氏銘文鏡等，都可以說是新的面貌。這從『嘉德本』八十面東漢銅鏡上可以清清楚楚看得出來，但總起來說東漢銅鏡沒有像西漢銅鏡對戰國銅鏡那樣的巨大發展。東漢銅鏡的進步，表現在紋飾方面，主要是大大發展了博局鏡。它充實了博局鏡的內容，改進了博局鏡的若干製作技術，對博局鏡逐步簡化，有的減去了V，有的減去了L、T，只留下V，直到最後加以汰除。可以說博局鏡在東漢完成了一個從生長到壯大到消亡的全過程，到了三國時期，就很難找到原型的博局鏡的踪影了。下面舉出三個例子加以說明。例一：簡化博局鳥獸鏡（見圖版一一〇）。圓鈕，圓鈕座，雙弦紋方框，框內四角施月牙紋，框外施簡化博局紋，環以雙弦紋篆字銘文帶，外加短斜綫一周，緣飾渦紋與蟠螭紋。此鏡祗用博局紋中的丁字紋（T）與拐尺紋（L），減去了鈎形三角紋（V），另外鏡緣紋飾很突出，竟可與主紋分庭抗禮。例二：簡化博局四神鏡（見圖版一〇九）。圓鈕，連珠紋圓鈕座，座外簡化博局，環列青龍、白虎、朱雀、羽人，外雙弦紋八分體銘文帶，再加短斜綫紋一周，緣飾鋸齒紋與雲氣紋。此鏡博局紋祗有丁字紋（T）與鈎形三角紋（V），而減去了拐尺紋（L），鏡緣紋飾突出，銘文甚潦草，

意味着博局紋的没落。例三：簡化博局禽獸鏡（見圖版五八）。圓鈕，圓鈕座，雙弦紋方框，框四角施花芽紋，框外施簡化博局紋與四禽獸，外施雙弦紋篆字銘文帶，加短斜綫紋一周。緣飾雙鋸齒紋間夾雙水波紋。此鏡博局紋只有丁字紋（T），減去了拐尺紋（L）與鈎形三角紋（V）。這説明博局紋行將就木了。東漢鏡的紋飾在四神紋、禽獸紋、蟠螭紋、蟠虺紋等方面没有多大變化。

上面提到過，變形四葉紋特别是神人、瑞獸與人物畫像紋是東漢銅鏡藝術前無古人的發展。這裏略加介紹，先説變形四葉紋。變形四葉紋使西漢傳統銅鏡在很大程度上改變了原來的面貌。請看例一：變形四葉對鳳鏡（見圖版六三）。它把鈕座外面的四葉連接起來，又加以極大的誇張，使鏡子的鈕座部分呈現一亞字形框。框内四角各一八分體銘文，連讀為『君宜高官』。框外四面有對鳳，兩頭相對，翼尾展開，兩頭間各有一篆字銘文，連讀為『宜子大吉』。周圍有雲紋、蝙蝠紋，其邊施外向連弧紋一周，使主體呈一多角星體。全鏡用平雕剔地技法刻成。陰陽、黑白對比强烈，很像一塊漢畫像石或像磚，風貌殊不一般。這樣紋飾的銅鏡，在『嘉德本』八十面東漢銅鏡中有七面。下面再説畫像鏡。畫像鏡以浮雕手法雕出神人、車馬、瑞獸、人物，很像漢畫像石或像磚，别具一格，使傳統銅鏡平添一新面貌。請看例二：神人畫像袁氏鏡（見圖版一二二）。此鏡圓鈕，圓鈕座，外施四乳釘，上下神人，左右龍虎，上面神人為東王公，下面神人為西王母，各兩侍者分列兩旁，其外雙弦紋八分體銘文帶，加短斜綫紋一周，緣飾鋸齒紋、雲氣紋。鏡面清新俊美。類似這樣的畫像鏡，在『嘉德本』中有四、五面。此外東漢銅鏡在紋飾方面還有兩項創舉：一是分部神人神獸紋，此紋是沿鈕座上下施兩平行綫，將畫面一分為三，上、中、下三層分别施神人神獸；一是直行銘文紋，此紋是沿鈕座左右兩側施兩平行竪綫，上下各施銘文，如上直行書『位至』，下直行書『三公』，或上書『君宜』，下書『高官』，連讀為『位至三公』、『君宜高官』等。這種紋式打破了傳統的以鈕、鈕座為中心，向外輻射的格局，而自成一體。但其影響似乎不及變形四葉紋、畫像紋那樣大。

東漢鏡的進步，還表現在銘文方面，主要是出現了大量姓氏銘文，如『李氏作竟自有紀』，『王氏作竟四夷服』等等。隨着銘文從戰國時的附屬地位，逐漸上升到漢時的重要地位，甚至主要地位，姓氏銘文漸漸普及成為銘文中的主流。在『嘉德本』八十面東漢銅鏡中，姓氏銘文不下廿家。如王氏、李氏、吕氏、袁氏、龍氏、張氏、侯氏、杜氏、魯氏、陳氏、田氏、蔡氏、宋氏、榮氏、柏氏、鄒氏、史氏、青羊、黄羊、三羊、青蓋、來言，此外還有吾作、尚方、上方等等，單從如此衆多的姓氏銘文即可看出漢代銅鏡製作是何等繁榮。另外，銘文的内容也在拓寬，雖然還囿於吉語套數的束縛，但畢竟有了可觀的發展。發展是循着人間與天上兩個不同方向延伸的。屬於朝向人間的，有一些很有意思，值得注意。如『騶氏作竟四夷

形狀、紋飾到銘文的文詞和書法被徹底改革，全新的銅鏡風貌出世了。銅鏡形狀固然還保留有圓的，但方的、菱花形的、葵花形的、蓮花形的、橢圓形的、帶把的鏡子相繼出現，而且漸漸占了重要地位。銅鏡的花紋出現了瑞獸、鳳凰、鴛鴦、蜂蝶、花鳥、團花、寶相花、葡萄等等。銘文的內容，明顯向生活、愛情方向遷移，形式也漸漸變成四言、七言韵文，并且頗富文采。銘文書法則變成楷書。給人的印象是中國古代銅鏡從天上移到了人間。陳介祺的注意力并不在隋唐，『嘉德本』一百八十二面銅鏡中，隋唐鏡祇有七面，比重很低，但質量却是上乘。如其中『天圓地方鏡』、『嫦娥奔月鏡』、『三樂鏡』、『團花鏡』，全是名鏡，并且大都有極佳銘文和規範性的楷書書法。

現在讓我們來欣賞一下幾面佳鏡。首先是『上圓下方鏡』（見圖版一七七）。圓鈕，上為八卦圖，下為連山四瀆圖，左右各一對鸞鳳。八卦圖是圓的，中間一楷書『鎮』字，環以日、月、星、辰四符號和乾坎艮震坤離巽兑八卦符號。連山四瀆圖是方的，當中連山符號，周圍四道水波紋是四瀆符號，外加一粗弦紋框。然後是四十字正楷銘文帶。緣飾葵紋。此鏡成葵花形。銘文：『上圓下方象於天地，中列八卦備著陰陽，星辰鎮定日月貞明，周流為水以名四瀆，內置連山以旌五岳。』銘文對鏡子的內容，作了明白的説明。這面鏡子具有深刻的思想內容，反映了唐時的一種重要的宇宙觀，也説明道教文化影響之深。再看『三樂鏡』，此鏡也稱『孔子問曰鏡』。表現的是一則流傳很廣的古代寓言故事。（見圖版一七五）。鏡的上面是極為醒目的直行三列九字銘文：『孔子問曰榮啓期。』下面是一象徵郕之野的樹，左面執杖的當是孔子，右面執琴的是榮啓期。素窄緣。孔子問的是什么，榮啓期回答的又是什么，請看《列子·天瑞》段的記載：『孔子游于泰山，見榮啓期行乎郕野，鹿裘帶索，鼓琴而歌。』孔子問他樂的什麽？榮答以一樂為人，二樂為男人，三樂行年九十可謂長壽，『處常得終，當何憂哉？』孔子曰：『善乎！能自寬者也。』可知這是一面寓意深刻的鏡子。還有『嫦娥奔月鏡』（見圖版一七六）。龜鈕，上右桂樹、左嫦娥。嫦娥凌空飛躍，衣帶飄舞，右手執盤捧花，左手舉牌，牌有『大吉』二字。十分生動。下左玉兔、右蟾蜍，最下方是一水塘，龜尾與水塘之間有一楷書『水』字。嫦娥奔月一向是自由的象徵，這也是一面很有意義的銅鏡。另幾面則以意深詞美的銘文見長。其中一面『四瑞獸仙山并照鏡』（見圖版一七四）的銘文是：『仙山并照，智水齊名。花朝艷彩，月夜流明。龍盤五瑞，鸞舞雙情。傳聞仁壽，始驗銷兵。』愛情浸沉在歌舞升平之中，是何等美好！一面『瑞獸照心鏡』（見圖版一七八）的銘文是：『照心寶鏡，圓明難擬。影入四鄰，形超七子。菱花不落，回風詎起。何處金波，飛來匣裏』。一面『團花靈山鏡』（見圖版一七三）的銘文則是：『靈山孕寶，神使觀爐。形圓曉月，光清夜珠。玉臺稀世，紅妝應面。千嬌集影，百福來扶』。這兩首銘文，使我們看到嬌嬌美人臨妝時的倩影，多麽富有人情

椿的《岩窟藏鏡》。在此情況下，西漢銅鏡的歷史地位也就突現了出來。現在公認的區別兩漢鏡與先漢鏡（主要是戰國鏡）的標準主要是：戰國鏡的基本特點在紋飾方面，地紋之上再施主紋，比如以細微的雷地紋或渦紋鋪地，然後在其上再施主紋，主紋多為山字紋、四葉紋、蟠螭紋、蟠虺紋、饕餮紋等，一般不施銘文，即使有銘文，也多作為陪襯，字數極少。及至西漢，上述紋飾逐漸減少，尤其地紋幾近絶跡，而銘文漸多，新的紋樣如草葉鏡、重圈鏡、連弧鏡、雲雷鏡、日光鏡、昭明鏡、博局鏡等等大量涌現，并且逐漸成為主流，進而形成自己的全不同于戰國鏡的獨特面貌。這種情況一直延續到六朝末和隋唐初，竟持續了八百多年之久。

陳介祺『嘉德本』中有西漢鏡拓片五十多紙，其中各類典型西漢鏡如草葉鏡、連弧鏡、日光鏡、昭明鏡、銅華鏡、清白鏡、博局鏡，應有盡有。同時也還有幾面蟠螭鏡、蟠虺鏡、四葉鏡，究竟是先漢鏡到西漢鏡之間的過渡作品，還是先漢鏡，難以决斷。

一　草葉心思君王鏡（注二）

西漢　圓形　直徑九厘米

弦鈕，方鈕座。座外四角，各出一葉片，四面出篆字銘文，每邊二字。外四乳釘環列，每乳釘兩旁各出單層草葉。細捲緣，銘文：『心思君王，天上見長』。

拓片左右各有陳介祺藏章一枚，左白文：『二百竟齋藏竟』，右朱文：『簠齋藏古』。

此鏡曾經梁上椿《岩窟藏鏡》著録（見該書第二集上，第一六圖）。梁氏按云：『此鏡曾藏陳氏簠齋，羅氏古鏡圖録、陳氏簠齋藏鏡均著録。弦鈕捲邊，頗饒秦風，亦過渡時代之佳作也』。梁氏釋此鏡銘文為：『天上見長，心思君王。』并加按曰：『心字上多三點，姑釋作心。』今按：心字上的三點是起句的符號，并非心字的組成部分。銘文應從心讀起：『心思君王，天上見長。』銅鏡銘文起句第一字之上，末句最後一字之後，使用符號（或三點∴、∵，或渦◎紋，或魚，或其他）是銅鏡銘文常見的現象。梁按非是。

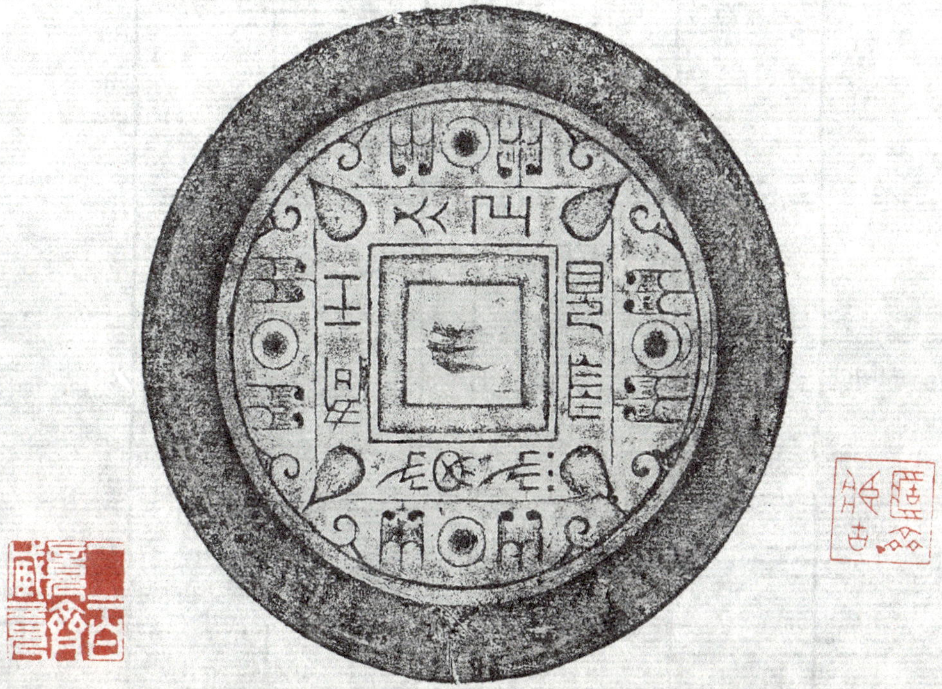

二　草葉心思君王鏡

西漢　圓形　直徑九厘米

弦鈕，方鈕座。座外四角各外出葉片，四面出篆字銘文，每邊二字。外四乳釘環列。每乳釘兩旁各出單層草葉。細捲緣。銘文：『心思君王，天上見長。』此鏡與上面一面，尺寸、紋飾、銘文、書法一致，惟方鈕座與四乳釘邊緣稍稍不及前者整齊，兩鏡蓋同出一範。

拓片左右各有陳介祺藏章一枚，左白文：『二百竟齋藏竟。』右朱文：『簠齋藏古。』

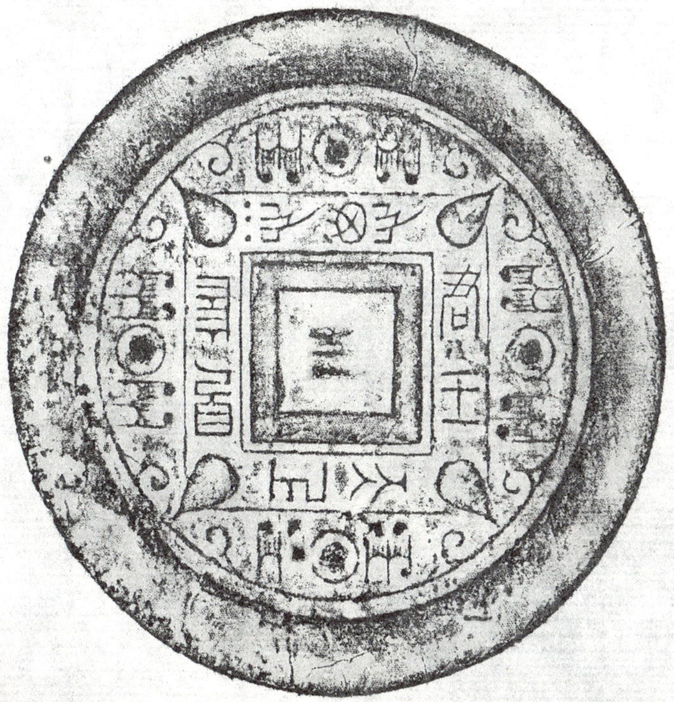

三　草葉日光鏡（注二）

西漢　圓形　直徑十三點五厘米　殘

圓鈕，四葉鈕座。座外凹陷紋方框，框內篆字銘文，每邊二字，框外四角各出雙花瓣，四面各出乳釘，乳釘兩旁，各出單層草葉，上出花葉。十六內向連弧紋緣。銘文：『見日之光，長毋相忘。』

拓片左有陳介祺白文藏章：『二百竟齋藏竟。』

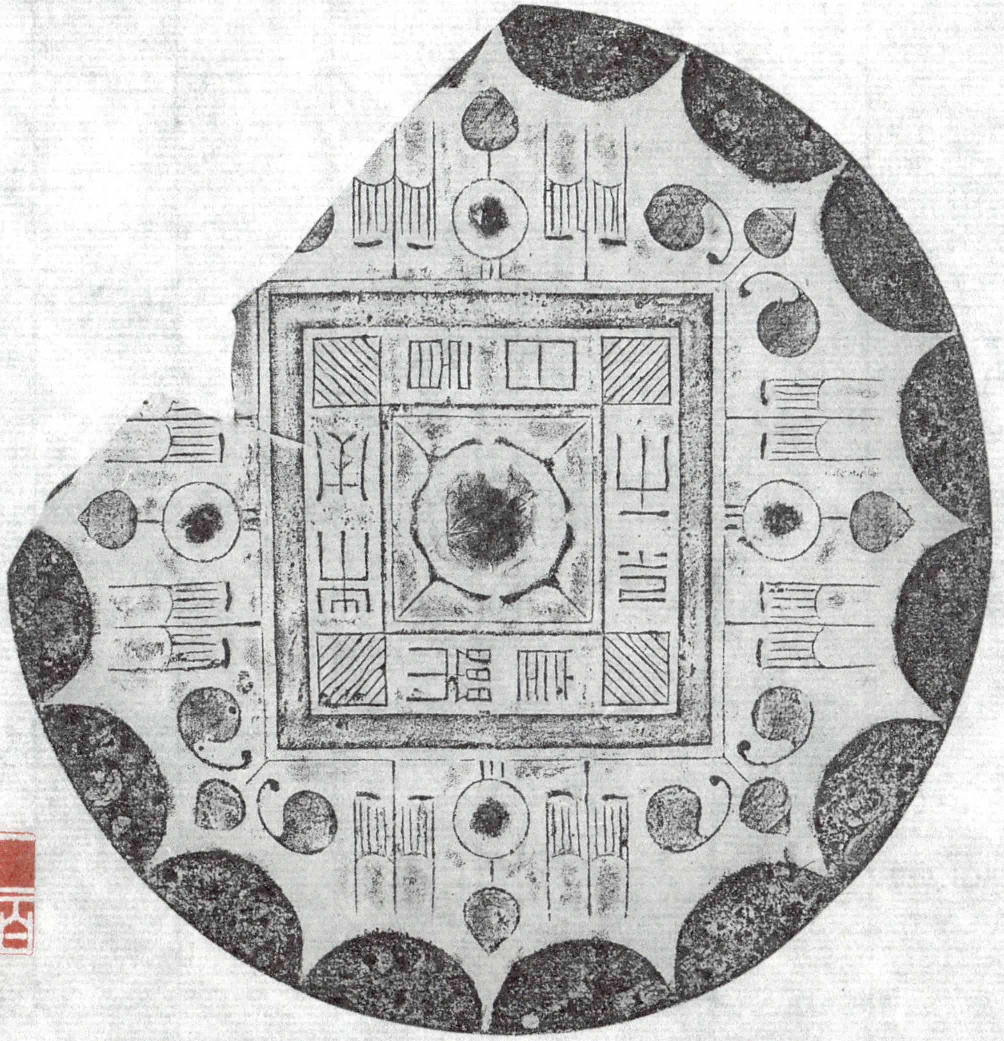

四 草葉日光鏡

西漢 圓形 直徑十三點七厘米

圓鈕，四葉鈕座。座外凹陷紋方框，框内篆字銘文，每邊二字。框外四角各出雙花瓣，四面各出乳釘，乳釘兩旁各出草葉，上出花葉。十六内向連弧紋緣。銘文：『見日之光，長樂未央。』此鏡製作精良，銘文書法亦好。

拓片左有陳介祺白文藏章：『二百竟齋藏竟。』

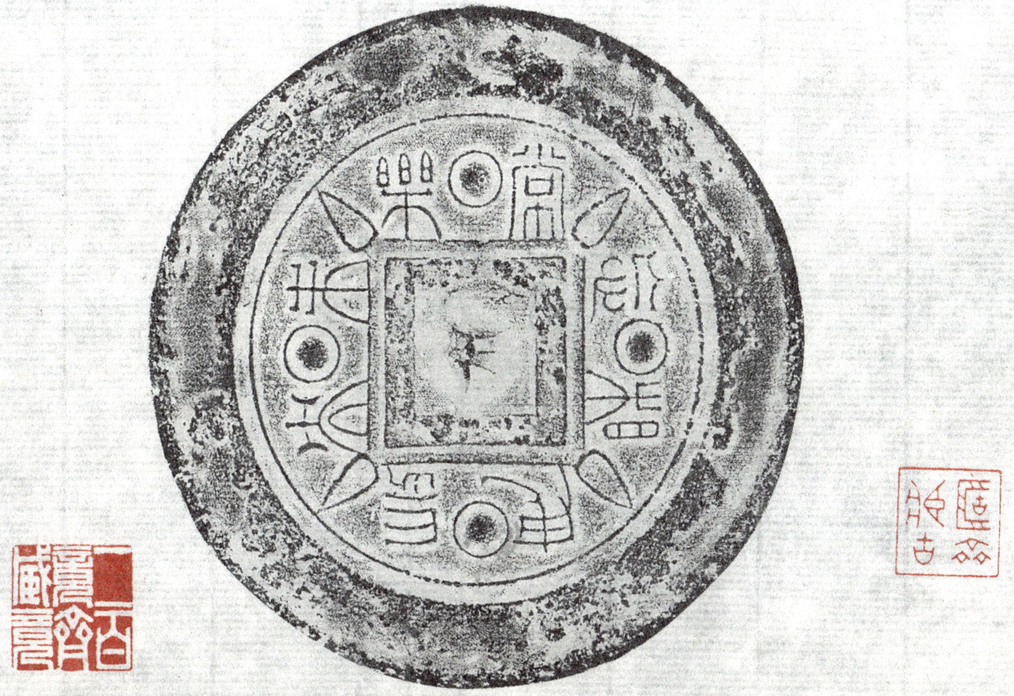

一七　四葉四乳常樂未央鏡

西漢　圓形　直徑七點三厘米

弦鈕，大方鈕座。座四角各出一葉，四面各出一乳釘，兩篆字銘文。素寬緣。銘文：『常樂未央，長毋相忘。』此鏡製作精良，紋簡而麗，饒有古風。銘文書法飄逸流暢，端莊大方。

拓片左右各有陳介祺藏章，左白文：『二百竟齋藏竟。』右朱文：『簠齋藏古。』

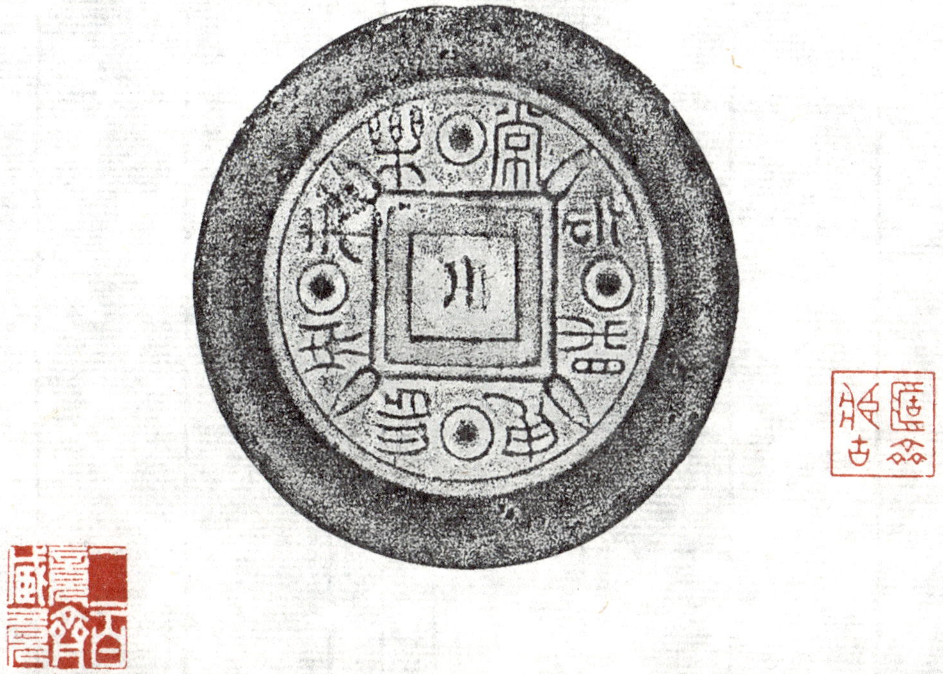

一八　日光鏡（注四）

西漢　圓形　直徑十點八厘米

圓鈕，圓鈕座。座外施四條短綫紋帶和兩條凸弦紋帶，再環以八分體大字銘文帶，加短斜綫紋帶。素緣。銘文：『見日之光，天下大明，千秋萬年，長樂未央。』銘文書法强健有力。

拓片左有陳介祺白文藏章：『二百竟齋藏竟。』

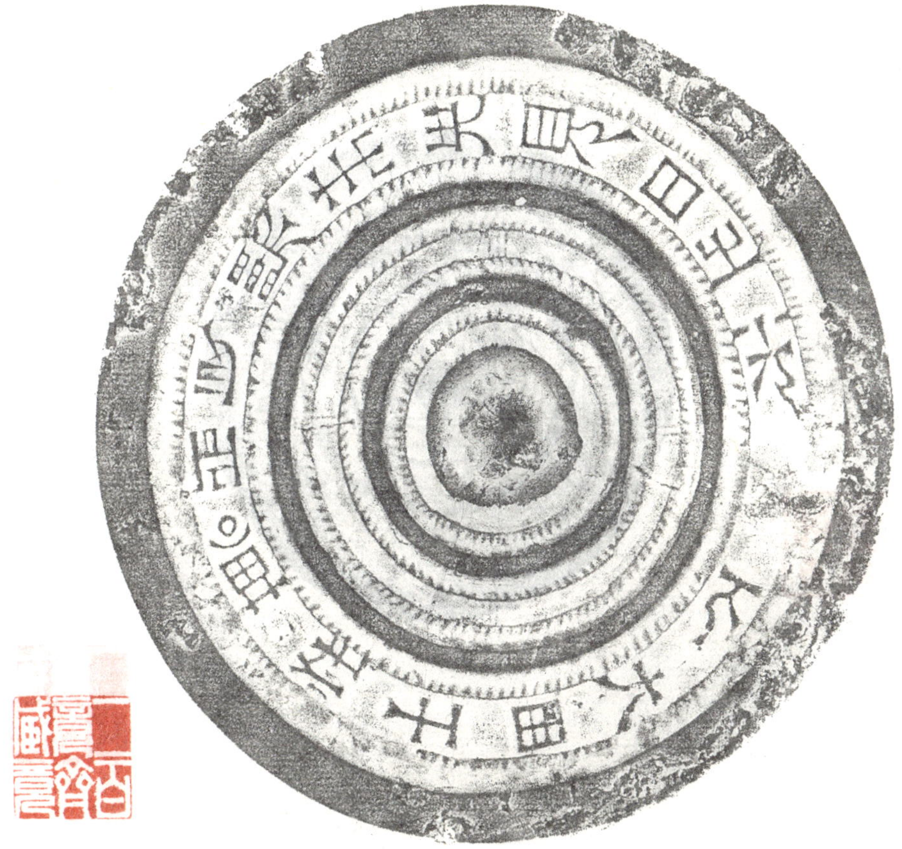

一九　日光鏡

西漢　圓形　直徑六點五厘米

圓鈕，圓鈕座。座外内向八連弧紋帶。其外雙單弦紋間夾漢隸八字銘文，銘文字與字間夾有乳釘與絲紋。銘文外再施短斜紋帶。素寬緣。銘文：『見日之光，長不相忘。』書法矯健有力。

拓片左右各有陳介祺藏章，左白文：『二百竟齋藏竟。』右朱文：『簠齋藏古。』

此鏡曾經梁上椿《岩窟藏鏡》著録，題名為『日光不忘連弧文鏡』（見該書第二集上第四七圖）。梁氏按云：『此鏡舊藏陳氏簠齋。』時間斷定為西漢。今按：此鏡銘文書法極佳，惜《岩窟藏鏡》以照相製圖，書法之美未能顯現。

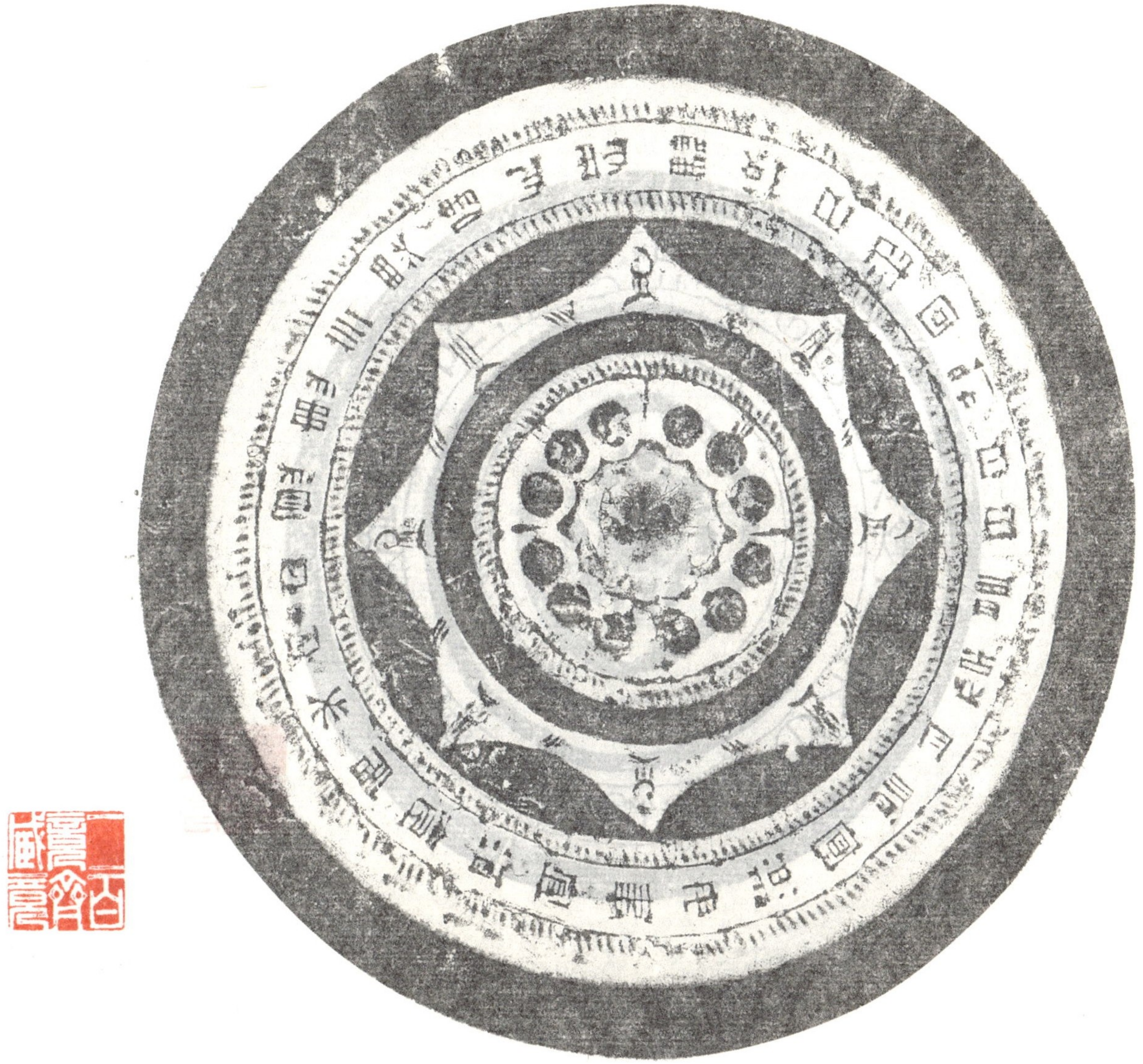

二一　昭明鏡

西漢　圓形　直徑九點八厘米

圓鈕，四葉六珠鈕座。環以短斜綫紋及凸紋帶，其外雙弦紋間夾八分體銘文帶。素緣。銘文：『內清質以昭明，光輝象夫日月，心忽揚而願忠，然壅塞而不泄。』

拓片左有陳介祺白文藏章：『二百竟齋藏竟。』

二四　螭龍四神尚方鏡

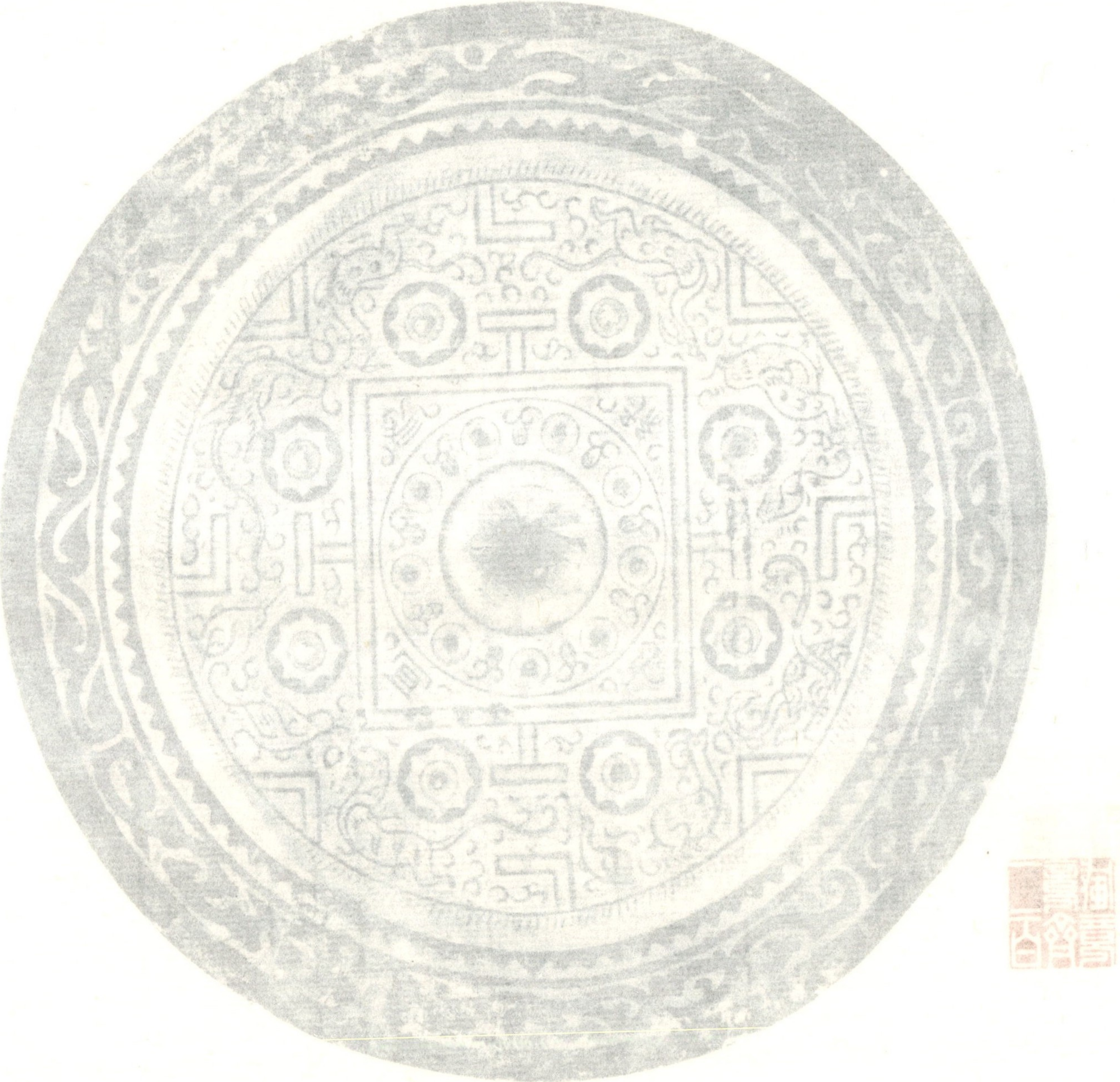

二五　博局四神尚方鏡

西漢　圓形　直徑十七點七厘米

圓鈕，四葉圓鈕座。外施雙弦紋方框，框內十二乳間夾篆字十二地支銘文。框外八乳、博局環列，四神次第展開。外施八分體銘文帶，短斜綫紋及鋸齒紋帶。緣飾雙水波紋及鋸齒紋。銘文：『尚方作竟真大巧，上有仙人不知老，渴飲玉泉饑食棗，壽如金石天久保。』紋飾精美，書法甚佳。

拓片左有陳介祺白文藏章：『二百竟齋藏竟。』

二六　博局四神吾作鏡

西漢　圓形　直徑十四點九厘米。

圓鈕，四方葉鈕座。座外環以十二乳及篆字十二地支銘文。外施凹陷紋圈。八乳、博局環列，四神、羽人次第展開。環以八分體銘文帶，加短綫紋、鋸齒紋帶。緣飾雙水波紋與齒紋。銘文：『吾作佳竟自有尚，工師□□□文章，上有古守辟不羊，服之壽考宜侯王』。銘文中羊為祥。書法頗精湛。

拓片左右各有陳介祺藏章，左白文：『二百竟齋藏竟。』右朱文：『簠齋藏古。』

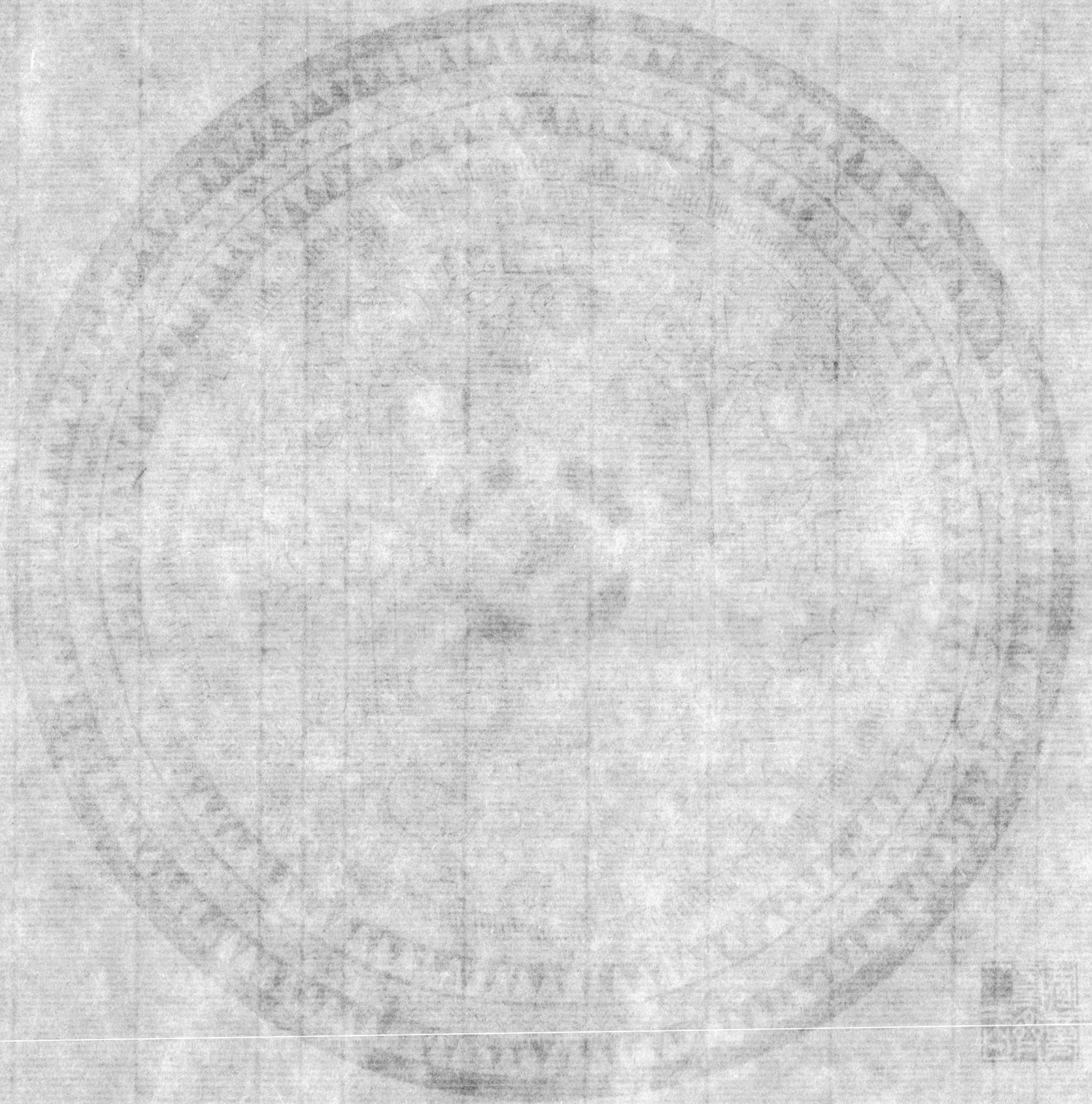

二七　博局四神鳳凰鏡

西漢　圓形　直徑二十一厘米

圓鈕，四葉鈕座。雙弦紋方框，框內八乳間夾篆字十二地支銘文。框外八花乳、博局環列，四神、羽人、鳥獸次第展開，場面熱烈活躍，刻畫生動活潑。未申角一羽人騎神獸奔向白虎，儀態安詳自如，尤為可愛。外環以八分體銘文帶，加短斜綫紋和鋸齒紋帶。緣飾雲氣紋。銘文：『鳳凰翼翼在鏡側，多賀君家有大福，□運時年雙嘉□□□□□□□□長保二親得天力，傳之後世樂無極。』兩銘書法均極精湛。地支銘文筆法跳躍，靈動流暢，鳳凰銘文魄力雄强，氣象渾穆。

拓片左右各有陳介祺藏章，左白文：『二百竟齋藏竟。』右朱文：『簠齋藏古。』

二八　博局四神作佳鏡鏡

西漢　圓形　直徑十八點六厘米

圓鈕，四葉鈕座。雙弦紋方框，框內十二乳間夾篆字十二地支銘文，框外八乳、博局環列，四神、羽人、鳥獸次第展開。外施八分體銘文帶，加短斜綫紋帶。緣飾鋸齒紋帶及雲氣紋帶。銘文：『作佳竟哉真大好，上有仙人不知老，渴飲玉泉饑食棗，浮游天下敖四海，壽敝金石為國保。』有一魚紋補空。文中『敝』當為『比』。

拓片左右各有陳介祺藏章，左白文：『二百竟齋藏竟。』右朱文：『簠齋藏古。』

二九　連弧昭明鏡（注七）

西漢　圓形　直徑十厘米

圓鈕，圓鈕座。環以內向十二連弧紋帶及短斜綫紋帶。外施八分體銘文帶加短斜綫紋帶。素寬緣。銘文：『內清以昭明，光象夫日月。』字間各着一『而』字，用以為填空和裝飾，這種做法在漢鏡銘文中常常可以看到。

拓片左有陳介祺白文藏章：『二百竟齋藏竟。』

三〇 連弧昭明鏡

西漢 圓形 直徑十點六厘米

圓鈕，圓鈕座。凸弦、連弧、短斜綫三道紋帶，環以八分體銘文帶加短斜綫紋帶。素寬緣。銘文：『內清以昭明，光象夫日月。』字間夾以『而』字。銘文書法精湛。

拓片左有陳介祺白文藏章：『二百竟齋藏竟。』

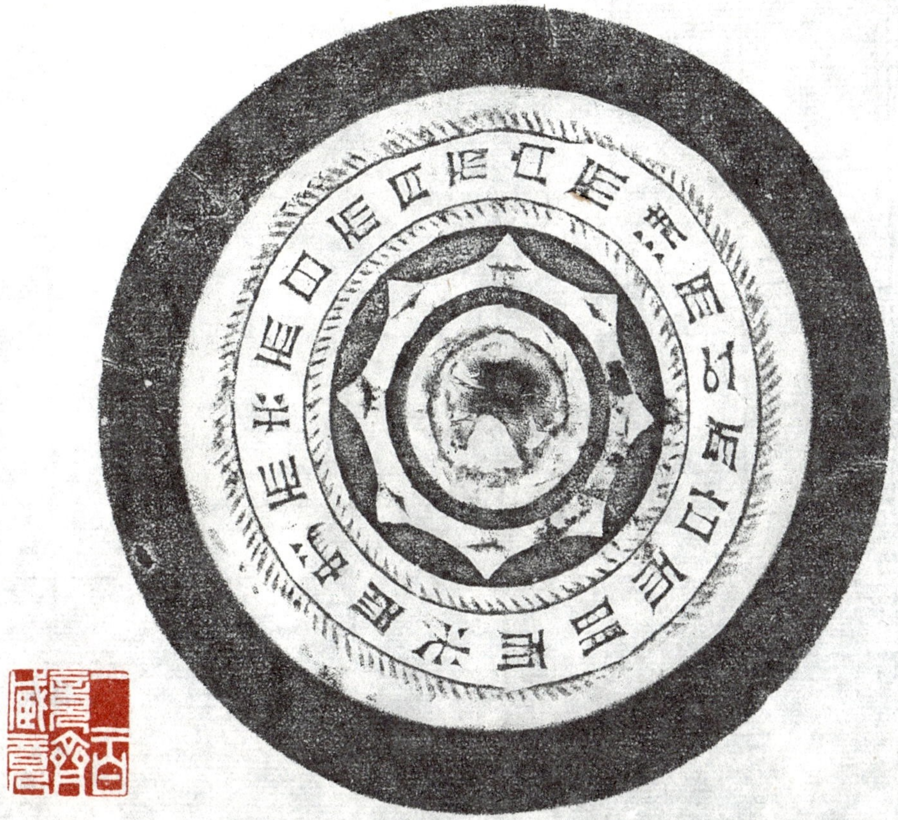

三一　連弧湅治鏡

西漢　圓形　直徑十六厘米

圓鈕，連弧鈕座。環以十二連珠紋、短斜綫紋、凸弦紋、八內向連弧紋四道紋帶，雙短斜綫紋夾以八分體銘文帶。素緣。銘文：『湅治銅清而明，以之為宜文章，延年益壽去不羊，與天毋極，如日之光，千秋萬歲，長樂。』文中『羊』即『祥』。銘文書法字字稚拙，骨肉豐美。此鏡與下一鏡是同範。

拓片左有陳介祺白文藏章：『二百竟齋藏竟。』

三二　連弧湅治鏡

西漢　圓形　直徑十六厘米

圓鈕，連弧鈕座。環以十二連珠紋、短斜綫紋、凸弦紋、八內嚮連弧紋四道紋帶，環以雙短斜綫紋間夾八分體銘文帶。素緣。銘文：『湅治銅清而明，以之為宜文章，延年益壽去不羊，與天毋極，如日之光，千秋萬歲，長樂。』文中『羊』即『祥』。銘文書法字字稚拙，骨肉豐美。

拓片左有陳介祺白文藏章：『二百竟齋藏竟。』

三四　連弧家常貴富鏡

西漢　圓形　直徑十五點八厘米

圓鈕，十二連珠鈕座。外施雙重短斜綫紋間夾十六連弧帶，其外施銘文帶，再施二十連弧紋帶及短斜紋帶，後為八分體四銘雲雷紋帶。二十連弧紋緣。內層銘文：『清治銅華以為鏡，照察衣服觀容貌，絲組雜遝以為信，清光宜佳人。』外層銘文：『家常貴富。』

拓片左有陳介祺白文藏章：『二百竟齋藏竟。』

三五　連弧家常貴富鏡

西漢　圓形　直徑十五點二厘米

圓鈕，十二乳釘鈕座。座外內向十二連弧紋帶，加雲雷紋帶。其外由八連珠環繞的四花乳，間夾四個八分體大字銘文，形成一寬闊紋帶，突出醒目。十六連弧寬紋帶緣。銘文：『家常貴富。』此鏡端莊大方，特點鮮明。

拓片左右各有陳介祺藏章，左白文：『二百竟齋藏竟。』右朱文：『簠齋藏古。』

三六　連弧日有憙鏡

西漢　圓形　直徑十六點九厘米

圓鈕，十二乳釘鈕座。座外為內向八連弧紋帶。外施雙重短斜紋圈間夾八分體大字銘文帶。素緣。銘文：『日有憙，月有富。樂毋事，君得意。美人會，竽琴侍，賈市□萬□。老復丁。』

拓片左有陳介祺白文藏章：『二百竟齋藏竟。』

三七　連弧大富昌鏡

西漢　圓形　直徑九點七厘米

弦鈕，方鈕座。座外四角各出一花葉，四面出篆字銘文，每邊三字。外施內向十四連弧紋圈。細櫛緣。銘文：『大富昌，樂未央。千萬歲，宜弟兄。』此鏡把四葉與連弧熔為一爐，很有研究價值。

拓片左右各有陳介祺藏章，左白文：『二百竟齋藏竟。』右朱文：『簠齋藏古。』

四〇 連弧雲雷鏡

西漢 圓形 直徑二十點四厘米

圓鈕，柿蒂鈕座。四蒂間夾四篆字銘文，外施短斜綫紋、凸弦紋、連弧紋三圈帶，使內區呈八角星狀。八角內各一八分體銘文。其外再施雙短斜綫紋，中夾寬雲雷紋帶。素寬緣。銘文，內：『常宜子孫。』外：『延年益壽，長樂未央。』此鏡碩大，紋飾莊重。

拓片左右各有陳介祺藏章，左白文：『二百竟齋藏竟。』右朱文：『簠齋藏古。』

四二　連弧清白鏡

西漢　圓形　直徑十四點六厘米

圓鈕，連珠鈕座。環以凸弦紋圈，外施內向八連弧紋帶、雙短斜綫紋間夾八分體銘文帶。素寬緣。銘文：『潔清白而事君，志歡之合明□玄錫而澤□而日□□□□忠不絕。』

拓片左有陳介祺白文藏章：『二百竟齋藏竟。』

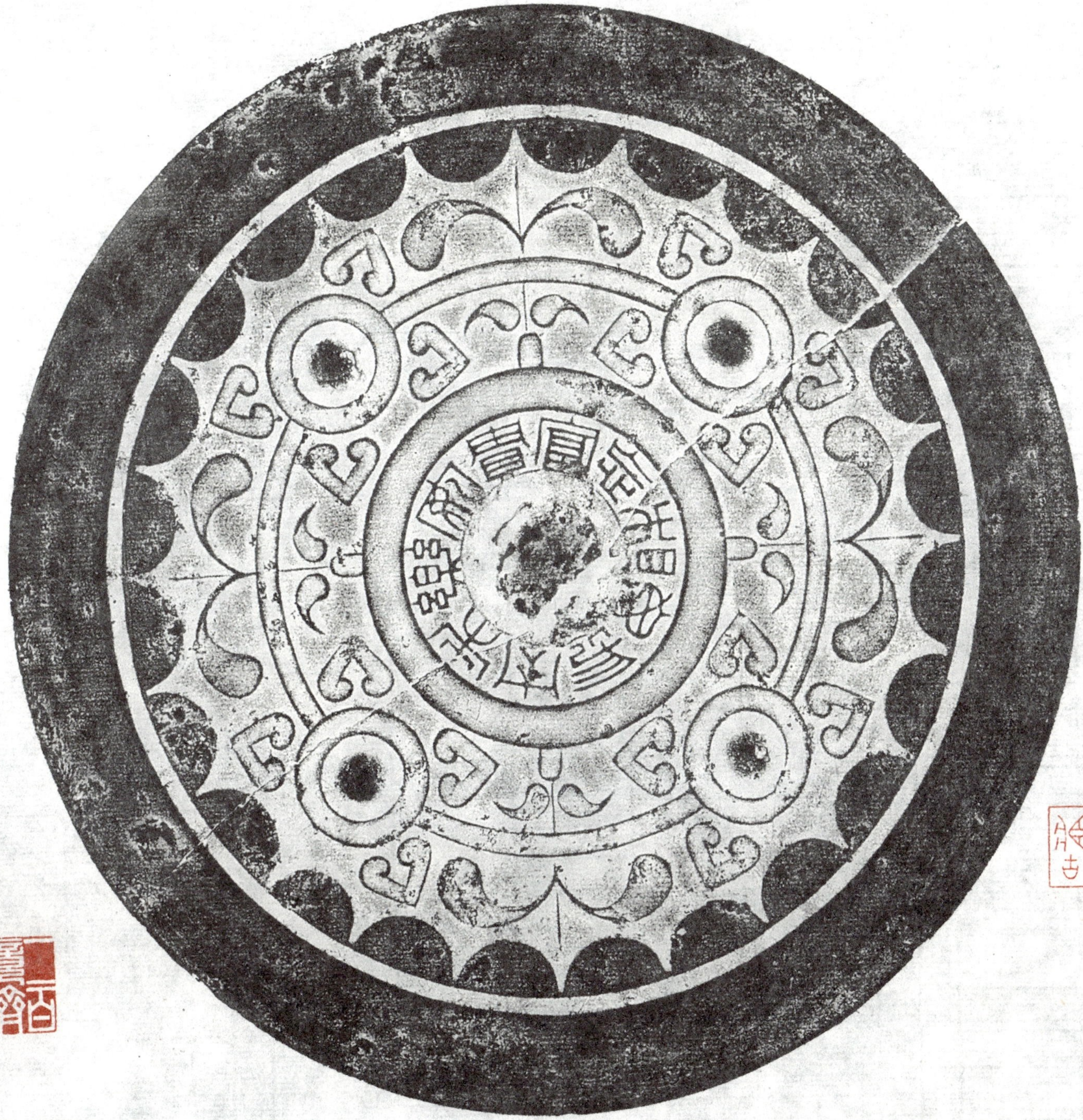

四四　四乳日光鏡（注八）

西漢　圓形　直徑七點六厘米

圓鈕，方鈕座斜置。上下左右各有一角，角左右各一乳釘，另正置一雙弦紋方框，框四角施菊瓣紋，四面各一篆字銘文。素寬緣。銘文：『見日之光。』此鏡構圖別致，富于變化，小巧佳麗，頗具魅力。

拓片左右各有陳介祺藏章，左白文：『二百竟齋藏竟。』右朱文：『簠齋藏古。』

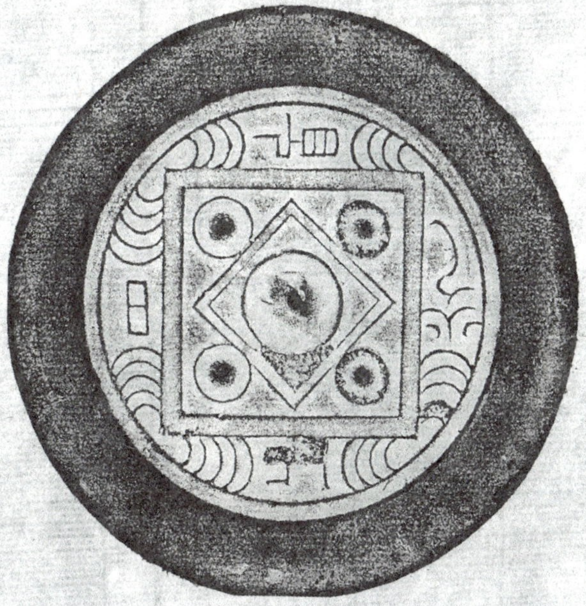

四五　四乳常樂未央鏡

西漢　圓形　直徑八點五厘米

弦鈕，圓鈕座。雙弦紋方框，框外四角施簡化博局紋，疊壓方框一角，使兩者相銜接，而又界限分明，四周各一乳釘，兩篆字銘文。素寬緣。銘文：『常樂未央，長毋相忘。』

拓片左右各有陳介祺藏章，左白文：『二百竟齋藏竟。』右朱文：『簠齋藏古。』

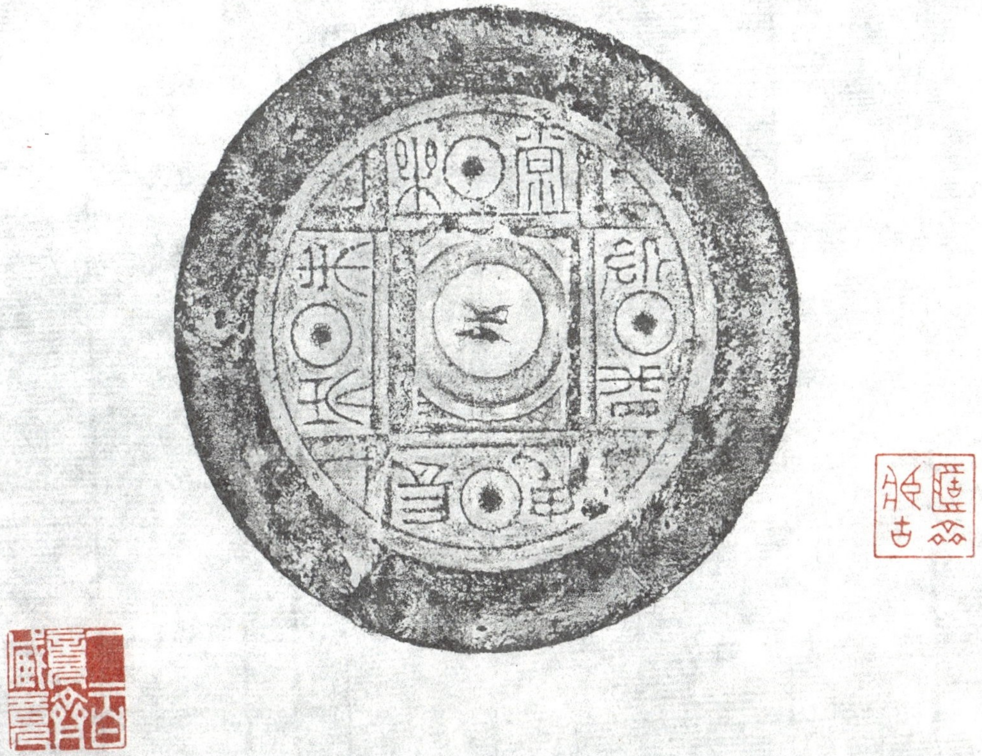

四六　四乳常樂未央鏡

西漢　圓形　直徑七點二厘米

弦鈕，方鈕座。四面各一乳釘及兩篆字銘文，外加一弦紋圈。素寬緣。銘文：『常樂未央，長毋相忘。』書法頗富美感。

拓片左右各有陳介祺藏章，左白文：『二百竟齋藏竟。』右朱文：『簠齋藏古。』

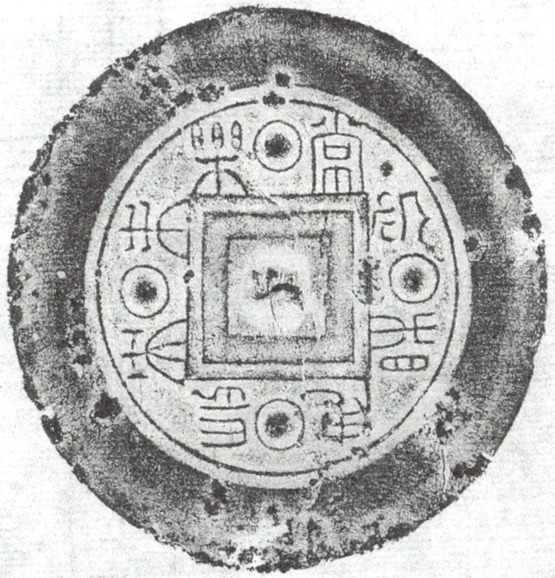

四七　四乳常樂未央鏡

西漢　圓形　直徑六點七厘米

弦鈕，方鈕座。四面各一乳釘及兩篆字銘文，外加一弦紋圈。素寬緣。銘文：『常樂未央，長毋相忘。』

拓片左右各有陳介祺藏章，左白文：『二百竟齋藏竟。』右朱文：『簠齋藏古。』

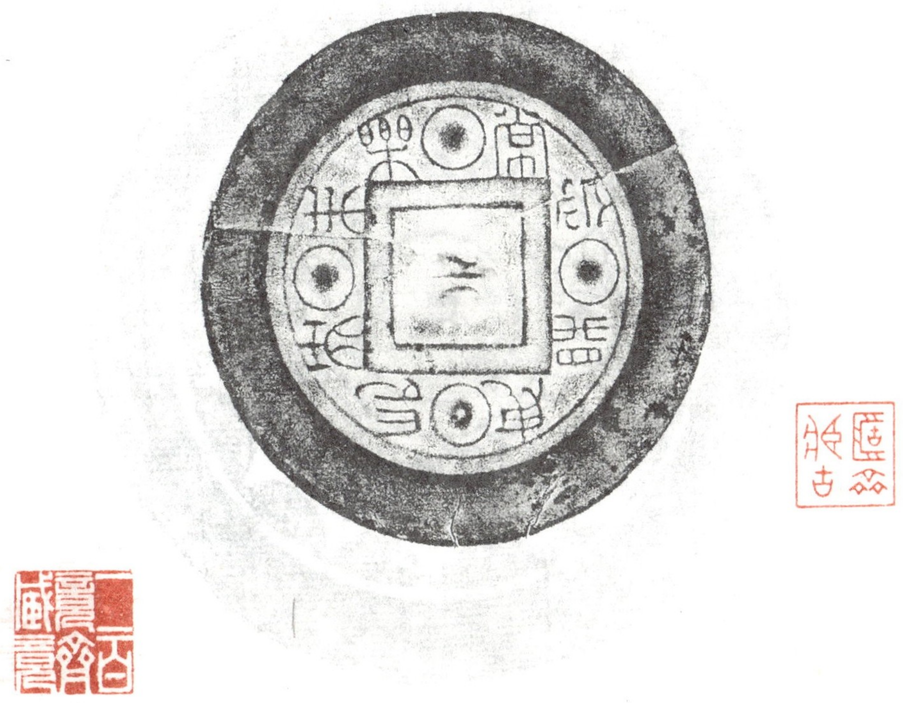

四八　四乳常樂未央鏡

西漢　圓形　直徑九點五厘米

弦鈕，圓鈕座。座外施四乳，乳周圍施蓆紋，四乳間施連體蟠虺紋并各出一八分體銘文，外環以内向十四連弧帶。素寬緣。銘文：『常樂未央。』

此鏡紋飾獨樹一幟，不見于任何著録。

拓片左右各有陳介祺藏章，左白文：『二百竟齋藏竟。』右朱文：『簠齋藏古。』

四九 四乳家常貴富鏡

西漢 圓形 直徑

七點三厘米

弦鈕，圓鈕座。座

外飾以短斜綫紋帶，外

施四乳釘間夾四八分體

銘文，再施短斜紋帶。

素緣。銘文：「家常貴

富。」

右下有陳介祺白

文藏章：「三百竟齋藏

竟。」

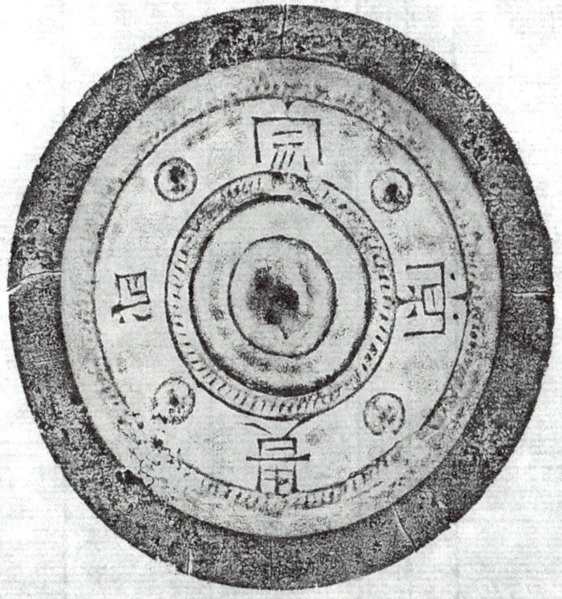

五〇　雲雷銅華鏡（注九）

西漢　圓形　直徑十點八厘米

圓鈕，連珠鈕座。環以雲雷紋帶、凸弦紋帶及八分體銘文帶。素緣。銘文：『清治銅華以為鏡，昭察衣服觀容貌，絲組雜遝以為信，清光宜佳人。』

拓片左有陳介祺白文藏章：『二百竟齋藏竟。』

此鏡曾經梁上椿《岩窟藏鏡》著録，題名『宜佳人重圈鏡』（見該書第二集上，第四五圖）。梁氏按云：『此鏡舊藏陳氏簠齋。』時間斷定為西漢。

五一 雲雷家常貴富鏡

西漢 圓形 直徑十點八厘米

圓鈕，四柿蒂鈕座。雙重凸弦紋間夾八分體銘文帶，外施寬雲雷紋帶，分四段，間夾四八分體銘文帶。素緣。銘文：內圈『長樂未央，九毋相亡。』雲雷紋間夾銘文：『家常貴富』。此鏡紋飾與銘文均較粗糙，但紋樣罕見，亦足珍貴。文中『九』應為『久』，『亡』應為『忘』。

拓片左有陳介祺白文藏章：『二百竟齋藏竟。』

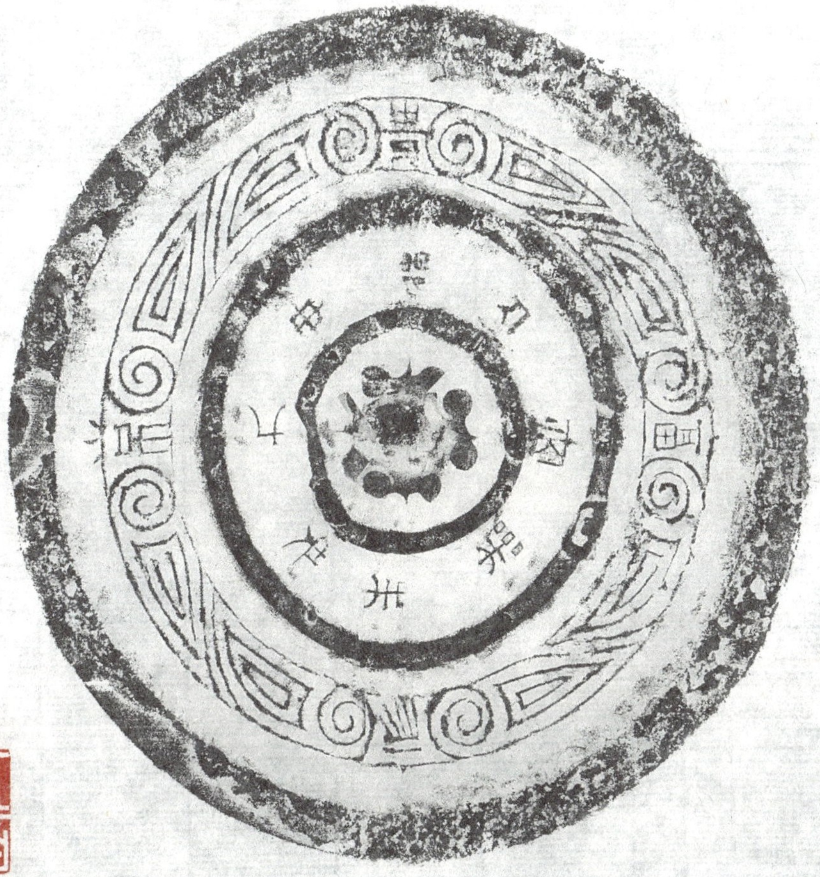

五二　雲雷銅華鏡

西漢　圓形　直徑十三點三厘米

圓鈕，連珠鈕座。雙凸弦紋帶間夾雙單弦紋篆字銘文帶，外為雲雷紋帶。雲雷紋帶被渦紋隔為八段。素緣。銘文：『清治銅華以為鏡，絲組雜遝以為信，清光乎宜佳人。』

拓片左右各有陳介祺藏章，左白文：『二百竟齋藏竟。』右朱文：『簠齋藏古。』

五三　常樂小鏡

西漢　圓形　直徑六點二厘米

弦鈕，圓鈕座。雙弦紋圈，外施五篆字銘文，體大突出，素寬緣。銘文：『常樂貴而大富。』

拓片左右各有陳介祺藏章，左白文：『二百竟齋藏竟。』右朱文：『簠齋藏古。』

五四 對鳳錢紋小鏡

西漢 圓形 直徑六點二厘米

圓鈕，圓鈕座。雙鳳面對一五銖錢。外施短斜綫紋及鋸齒紋帶。素緣。

拓片左有陳介祺白文藏章：『二百竟齋藏竟。』

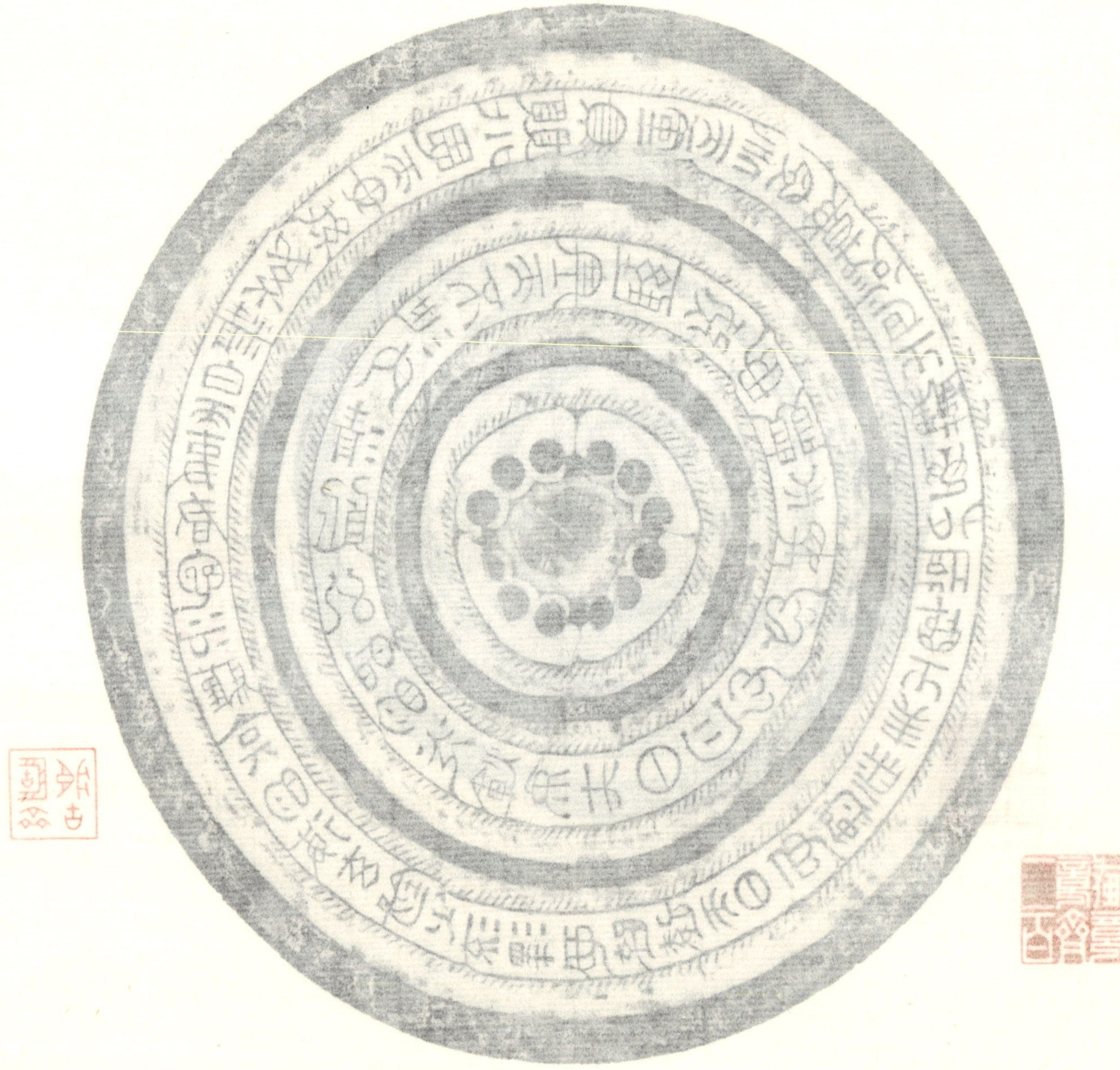

七五　蟠螭鏡

西漢　圓形　直徑十點三厘米

圓鈕，蟠螭紐座。環以四道弦紋，間夾篆書銘文帶。外繞蟠螭紋，環以弦紋圈，素捲邊緣。銘文漫漶不清。

此鏡紋飾頗具先漢鏡遺風，或許就是先漢鏡。姑置于西漢鏡尾，以待來者考證。

拓片左右各有收藏章，左白文：『二百竟齋藏竟。』右朱文：『鏡齋藏古。』

新莽

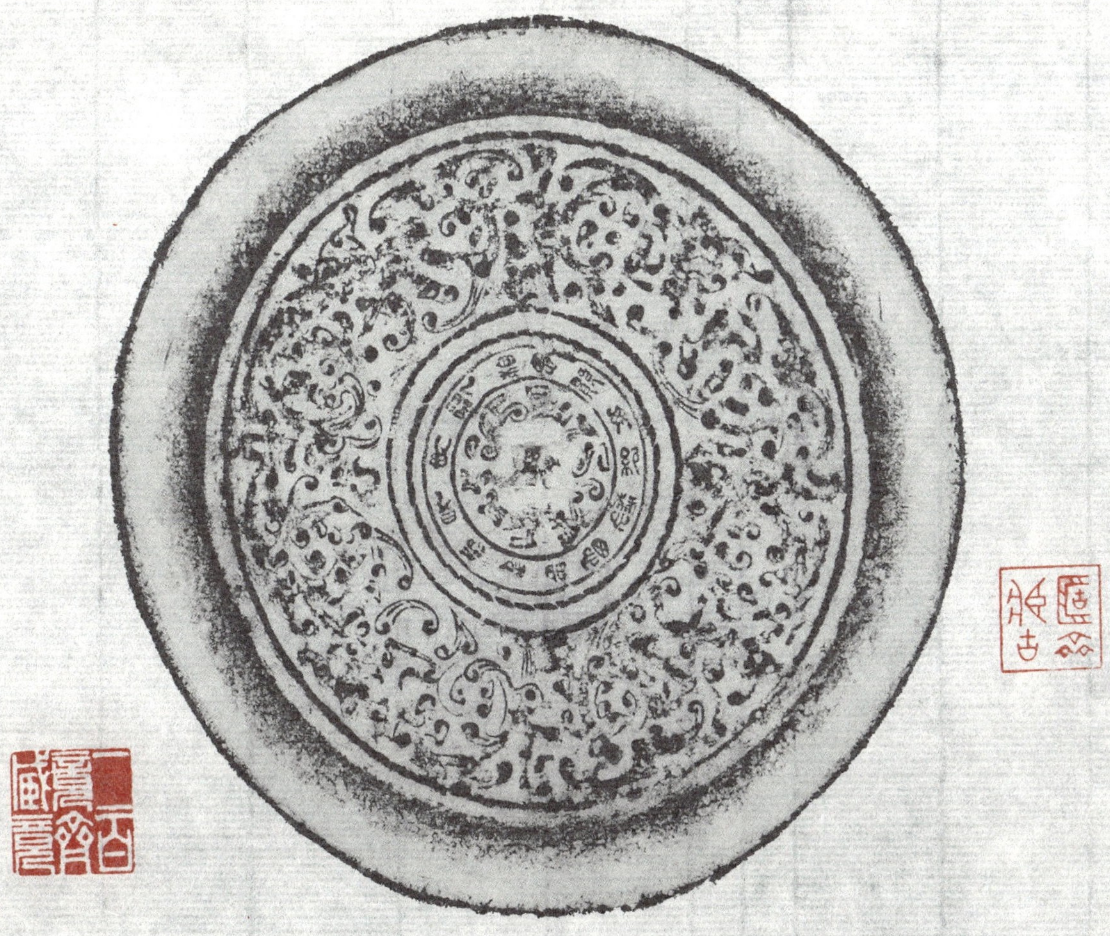

新莽介于前後漢之間，從始建國元年（公元九年）到更始三年（公元二五年）僅十六年。其鏡較西漢鏡并無多大變化，但有一點不可忽視，即不論官家出品還是私家出品，製作均極精良，留心觀察不難分辨。正因為如此，特將新莽鏡單獨列出，以提醒讀者注意。這裏所列新莽鏡共五面，兩面『新銅鏡』、三面『王氏鏡』，明顯是新莽鏡。兩面新銅銘鏡，開宗明義就是『新有善銅』或『新有吉銅』，這種稱謂是與『漢有善銅』對比而出現的，『新』指新莽，『漢』指大漢，含義是清楚的。三面『王氏鏡』中有兩面都有『多賀新家』字樣，這個『新家』指的是新莽，意思也是明白的。判定這幾面鏡子為新莽鏡，根據是確鑿而無疑的。這五面鏡子是博局鏡，面面內容豐富，朝氣勃勃，圖畫純熟筆觸細密，且一絲不苟，使人心怡目悅。當然，列出這五面鏡子，并不意味着『嘉德本』中別無新莽鏡，恰恰相反，在被判定為西漢鏡或東漢鏡的一百多面銅鏡中，很可能還有新莽鏡未被識別出來。

新莽鏡製作精良，這大概是有目共睹的，但是新莽鏡何以會有如此優良的成就呢？却不曾看到過認真的答案。追究一下原因，對正確認識銅鏡的發展規律是有很大好處的，或許是新莽承西漢事業方興未艾之勢，在經濟和文化上繼續前進的結

果；或許是新莽之時，正當製鏡業蓬勃發展的結果；或許是因為博局鏡這一鏡種在新莽時期正處于自我完善的過程中，製鏡者在競相獻技，以贏得顧主，究竟是何原因，後來者想必會給予更正確的解答的。

五八　博局四神王氏鏡

新莽　圓形　直徑十八點三厘米

圓鈕，四葉鈕座。雙弦紋方框，框內十二乳間夾篆字十二地支銘文。框外八花乳、博局環列，四神、羽人、鳥獸次第展開。外施八分體銘文帶，再加短斜綫紋帶。緣飾鋸齒紋和雲氣紋。銘文：『王氏昭竟四夷服，多賀新家人民息，風雨時節五谷熟，長保二親子孫力，傳告後世樂毋極兮。』此鏡鑄造精良。

拓片左右各有陳介祺藏章，左白文：『二百竟齋藏竟。』右朱文：『簠齋藏古。』

五九　博局四神鳥獸王氏鏡

新莽　圓形　直徑十六點二厘米

圓鈕，四葉鈕座。外施雙弦紋方框，框內八分體十二地支銘文。框外八乳博局環列，四神鳥獸次第展開，環以八分體銘紋帶加短斜綫紋帶。緣飾雙鋸齒、雙水波及弦紋帶。銘文：『王氏作竟真大巧，上有仙人不知老，渴飲玉泉饑食棗，浮游天下敖四海，壽如金石為國保，左龍右虎。』此鏡與圖版五八『博局四神王氏鏡』風格一致，製作技法相同，當是同時期的王氏作品。

拓片左右各有陳介祺藏章，左白文：『二百竟齋藏竟。』右朱文：『簠齋藏古。』

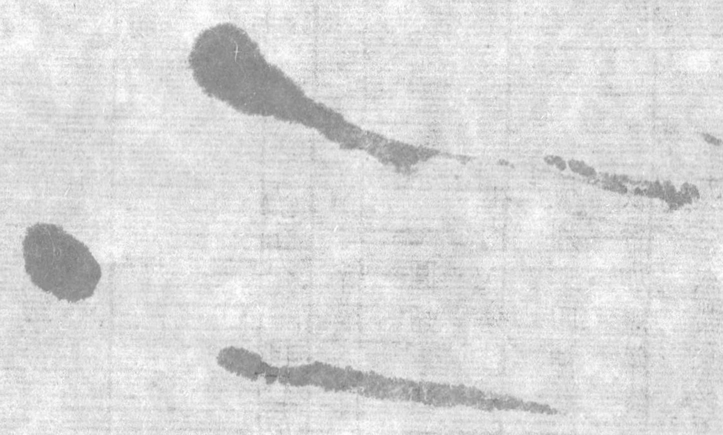

六〇 博局四神王氏鏡

新莽 圓形 直徑十六點二厘米

圓鈕，四葉鈕座。雙弦紋方框，框內十二乳間夾篆字十二地支銘文，框外八乳、博局環繞，四神、羽人、禽獸次第展開。青龍與羽人相戲；白虎與一綿羊形神獸相遇；朱雀在與一神鳥對唱；玄武面對一獨角獸，龜蛇相纏，兩頭相抵，作密語狀，似乎正在商量對付獨角獸的良策。整個畫面和諧而富有生氣，外施八分體銘文帶及短斜綫紋帶。緣飾鋸齒紋及雲氣紋。銘文：『王氏作竟四夷服，多賀新□息，胡虜殄滅天下復，風雨時節五谷熟，傳告後世樂毋極兮。』銘文『多賀』句不可讀，可能是『多賀新家人民息』。『新家』例指『新莽』。

拓片左右各有陳介祺藏章，左白文：『二百竟齋藏竟。』右朱文：『簠齋藏古。』

六一　博局四神新銅鏡

新莽　圓形　直徑十八點四厘米

圓鈕，四葉鈕座。雙弦紋方框，框内十二乳間夾八分體十二地支銘文。框外四周環以八乳、博局，四神、羽人、鳥獸次第展開，外施四十三字長銘文帶及短斜綫紋帶。緣飾鋸齒紋和雲氣紋。銘文：『新有吉銅出丹陽，湅治銀錫清而明，尚方御竟大毋傷，巧工刻之成文章，子孫備俱居中央，長保二親樂富昌兮。』

拓片左右各有陳介祺藏章，左白文：『二百竟齋藏竟。』右朱文：『簠齋藏古。』

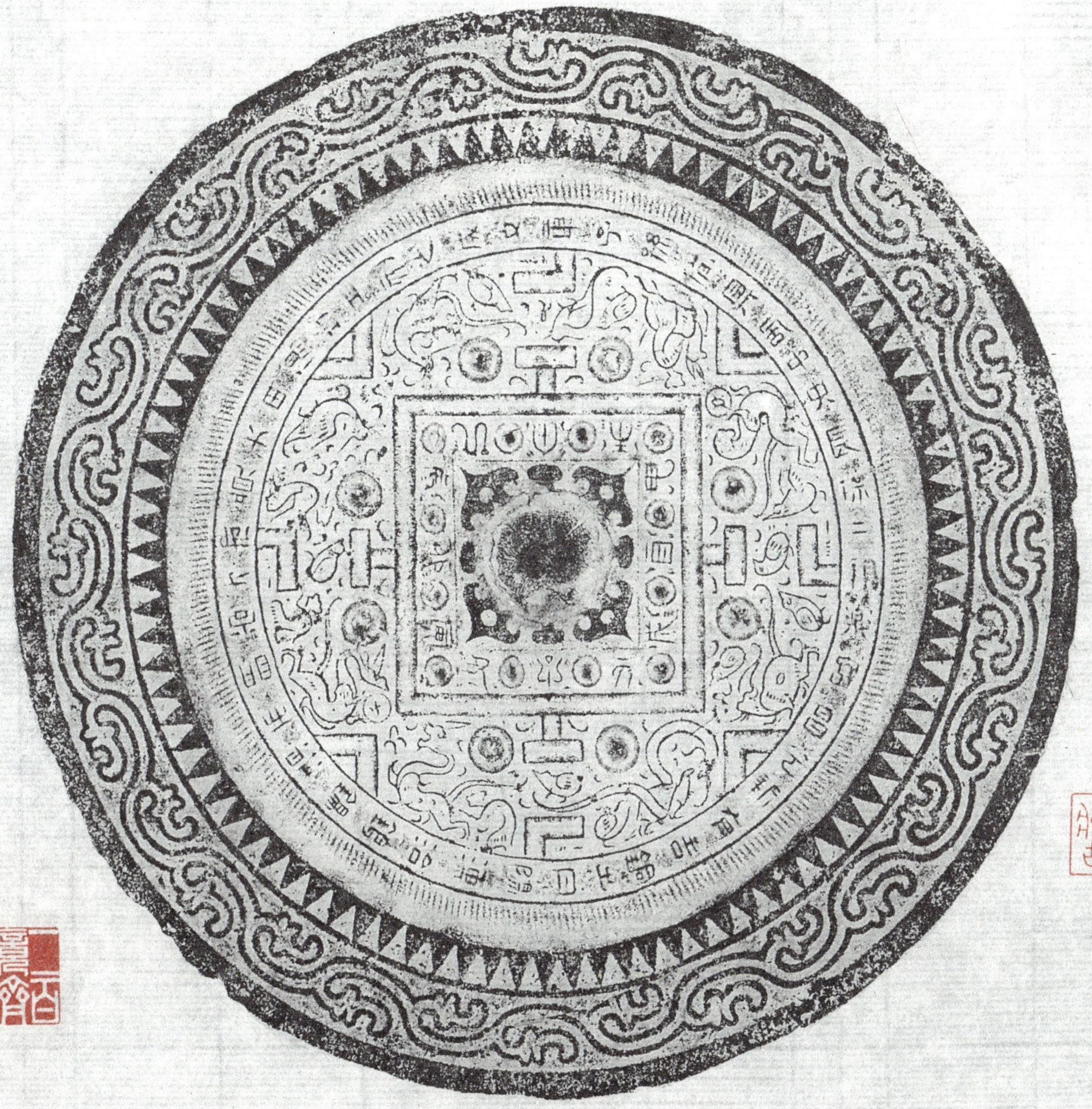

六二　博局四神新銅鏡

新莽　圓形　直徑十四點八厘米

圓鈕，圓鈕座。雙弦紋方框。框内十二乳間夾八分體十二地支銘文，框外八乳、博局環繞，四神、鳥獸次第展開。環以雙弦紋銘文帶，加短斜綫紋帶。緣飾鋸齒紋及雲氣紋。銘文：『新有善銅出月陽，和以銀錫清□□，左龍右虎掌四彭，朱爵玄武。』文中『月陽』應為『丹陽』，『朱爵』即『朱雀』。

拓片左有陳介祺白文藏章：『二百竟齋藏竟。』